U0723413

历史的丰碑丛书

思想家卷

一代社会学宗师
马克斯·韦伯

李无苑　编著

吉林人民出版社

图书在版编目(CIP)数据

一代社会学宗师——马克斯·韦伯 / 李无苑编著.
-- 长春：吉林人民出版社，2011.4（2021.8 重印）
（历史的丰碑丛书）
ISBN 978-7-206-07602-2

Ⅰ.①一… Ⅱ.①李… Ⅲ.①韦伯，M.（1864～
1920）—生平事迹—青年读物②韦伯，
M.（1864～1920）—生平事迹—少年读物 Ⅳ.
①K835.165.1-49

中国版本图书馆 CIP 数据核字 (2011) 第 037872 号

一代社会学宗师 马克斯·韦伯

YI DAI SHEHUIXUE ZONGSHI　MAKESI·WEIBO

编　　著：李无苑
责任编辑：郝晨宇　　　　　　封面设计：孙浩瀚
制　　作：吉林人民出版社图文设计印务中心
吉林人民出版社出版 发行（长春市人民大街7548号 邮政编码：130022）
印　　刷：北京一鑫印务有限责任公司
开　　本：787mm×1092mm　1/16
印　　张：8　　　　　　　　字　　数：72千字
标准书号：ISBN 978-7-206-07602-2
版　　次：2011年4月第1版　 印　　次：2021年8月第2次印刷
定　　价：35.00 元

如发现印装质量问题，影响阅读，请与出版社联系调换。

"欲知大道，必先为史"。

回溯人类的足迹，人们首先看到的总是那些在其各自背景和时点上标志着社会高度和进步里程的伟大人物。他们是历史的丰碑，是后世之鉴。

黑格尔说："无疑，一个时代的杰出个人是特性，一般说来，就反映了这个时代的总的精神。"普希金说："跟随伟大人物的思想是一门引人入胜的科学。"

以史为鉴，面向未来。作为21世纪的继往开来者，我们觉得，在知史基础上具有宽广的知识结构、开阔的胸襟和敏锐的洞察力应是首要的素质要求，而在历史的大背景中追寻丰碑人物的思想、风范和足迹，应是知史的捷径。

考虑到现代人时间的宝贵，我们期盼以尽量精短的篇幅容纳尽量丰富的信息，展现尽量宏大的历史画卷和历史规律。为此，我们编撰了这套丛书。

编撰丛书的过程，也是纵览历代风云、伴随伟人心路、吸收历史营养的过程。沉心于书页，我们随处感受着各历史时期伟大人物所体现的推动历史进步的人类征服力量。我们随着伟人命运及事业的坎坷与辉煌而悲喜，为他们思想的深邃精湛、行为的大气脱俗而会意感慨、拍案叫绝。

然而，在思想开始远游和精神获得享受的同时，我们也随之感受到历史脚步的沉重和历史过程的曲折。社会每前进一步都是艰难的，都伴随着巨大的痛苦和付出。历史的伟大在于它最终走向进步，最终在血污中诞生了鲜活的"婴孩"。

历史有继承性和局限性，不能凭空创造。伟人也有血肉，他们的思想、行为因此注定了同样具有历史的局限性和阶级的、时代的烙印；他们的功业建立于千千万万广大人民群众伟大创造的基础上。历史是人民群众创造的，伟大的人物们是历史和时代造就的。同时，我们也无法否定此间他们个人的努力。这也正是我们编撰这套丛书的目的。

我们期盼着这套丛书得到社会的认同，对读者，特别是青少年读者之历史感、成就感和使命感的培养有所裨益。史海浩瀚，群星璀璨。我们以对广大青少年读者负责的精神，精心遴选，以助力青少年成长进步，集结出版了《历史的丰碑》系列丛书，敬请读者批评、指正。

历史的丰碑丛书

编 委 会

策 划： 胡维革　吴铁光

　　　　林　巍　冯子龙

主 编： 胡维革　邢万生

副主编： 贾淑文　谷艳秋

编 委： （按姓氏笔画为序）

　　　　于二辉　刘士琳

　　　　刘文辉　孙建军

　　　　李艳萍　吴兰萍

　　　　杨九屹　隋　军

老子之于道家，孔子之于儒家，柏拉图之于哲学，牛顿之于物理学，韦伯之于社会学……这些人类精神的不朽象征，是他们各自开拓的精神领域的"明月"。明月升分，人皆仰之——这种"仰"不只是敬仰，更是欣赏。

我们在他们的精神创制和生命历程中，品味着人类精神的壮美，发现着个体生存的意义，编织着令人向往的未来。

马克斯·韦伯，便是社会学这一精神领域中人皆仰之的一轮"明月"。他的出现，不但结束了实证主义社会学独霸天下的时代，而且为其后社会学的发展提供了掘之不尽的宝藏。

没有马克斯·韦伯，便没有现代社会学——这使他毋庸置疑地成为一代社会学宗师。

宗师者，以之为宗，以之为师也。马克斯·韦伯以德国思想传统一以贯之的深邃、自身独特的魅力和贡献而不虚此名。

目　录

历史的丰碑丛书

一个时代的结束

时势造英雄，英雄亦造时势。
　　——题记

马克斯·韦伯出生了，一个时代却要死了。对于社会学来说，当时是实证主义独霸天下的时代，这个时代构成了韦伯一生学术生涯不得不面对的时势。这一时代有着如此的根基——它在社会学的初创者孔德那里便开始了，后来经斯宾塞一直延续到迪尔凯姆，而迪尔凯姆就是韦伯同时代的人，只不过略大韦伯几岁。

孔德是法国人，生于1798年，死于1857年，他被公认为社会学的初创者，"社会学"这一术语是他首先提出的。孔德在哲学上又是实证主义流派的创始人，毫无疑问，他所初创的社会学便是实证主义社会学。孔德对"实证的"一词的含义是这样解释的：（1）现实的而不是幻想的；（2）有用的而不是无用的；（3）可靠的而不是可疑的；（4）确切的而不是含糊的；（5）肯定的而不是否定的。所谓实证主义，也就是要从经验出发，寻求现实的、有用的、可靠的、确切的、肯定的知识。而实证主义社会学，就是把实证主义的这种方法、原则运用于社会现象的研究中，以探求社会发展、变化的本质和规律。

孔德认为，人类精神的发展因其本性要经历三个必然阶段，即神学的阶段、形而上学的阶段、实证的阶段。"在神学阶段，人类精神探索的目标主要是万物的内在本性，是一切引人注意的现象的根本原因、最后原因，总之，是绝对的知识。各种现象被看成一些为数或多或少的超自然的主体直接地、连续地活动的结果，这些超自然主体的任意干涉，被用来说明宇宙间一切貌似反常的现象。"

"在形而上学阶段，人们把那些超自然的主

奥古斯特·孔德（1798—1857），法国著名的哲学家，社会学的创始人，被称为"社会学之父"。孔德在其著作中正式提出"社会学"这一名称并建立起社会学的框架和构想。他创立的实证主义学说是西方哲学由近代转入现代的重要标志之一。

体换成了一些抽象的力量，一些隐藏在世界万物之中的真正的实体（人格化的抽象物），认为它们能够凭自身产生人们观察到的一切现象，因为要说明这些现象，就只消为它们分别指定一个相应的实体。"孔德说："最后在实证阶段，人类的精神承认不可能得到绝对的概念，于是不再探索宇宙的起源和目的；不再求知各种现象的内在原因，而只是把推理和观察密切结合起来，从而发现现象的实际规律，也就是发现它们的不变的先后关系和相似关系。"

孔德认为，社会学是科学发展的最高阶段，它是在数学、天文学、物理学、化学、生物学等学科充分发展之后才出现的。社会学的基本性质是实证的，但它有不同于生物学等其他学科的独特方法，这种方法就是社会有机体分析。孔德视社会为一个整体的有机体，而非单个个人的简单集合，社会学因而并不是关于社会中个人的命题的总汇，社会是一个不可分解为其组成部分的复合的统一体。这样，孔德又开创了社会有机体论这一实证主义社会学的第一个形态。这一形态后来在斯宾塞那里臻于成熟。

斯宾塞是英国人，生于1820年，死于1903年，是实证主义社会学的重要别种——进化论社会学的代表人物。斯宾塞虽然不承认受实证主义哲学的指导，但他信奉和恪守的原则却是实证主义的，而进化论社会学也是典型的实证主义社会学。斯宾塞曾断言："只要还存在认为社会秩序不顺从自然规律的信念，就不可能彻底承认社会学是一门科学。"

斯宾塞的进化论社会学是建立在社会有机体论基础之上的，至于他受孔德的影响有多少却不得而知。斯宾塞接受了世界的统一观，认为世界被分成三大基本领域：无机界、有机界和超有机界，这最后的领域就是社会世界，三者均服从统一的进化规律。斯宾塞认为，社会并非人有意识地创造出来的，而是自然界长期演化的结果，社会的产生是一个自发的过程。

斯宾塞在他的《社会学原理》中提出了"社会是一个有机体"的著名论证，从而推出了社会有机体论的成熟形态，其要点如下：

社会与有机体一样会成长发育，从各部分相似的未分化状态成为各部分不同的分化状态。

当社会有机体的体积增大时，结构会变得比较复杂和有所差别。结构上的分化同时伴随着功能上的分化。在一个结构复杂的有差异的社会中，意味着各种角色和功能的专业化。

一旦社会有机体的各部分变得不同，它们就相互依赖。随着分化的发展，各部分的相互依赖性也在增大，其结果产生了系统的整合，形成一个与单个有机体一样的集合体。

进化的发展使各部分的相互依赖更显重要，各种功能的协调配合更趋密切。在简单社会中，各部分基本相同，它们可以简单地相互替代；在复杂社会中，一个丧失功能的部分不能由其他部分代替。因此，复杂社会在结构上比简单社会更脆弱，同时，整体总要受到其组成部分的功能运作过程的影响。

在复杂社会中，随着各部分之间相互的依赖性越来越大，社会结构的整合要求也越来越高，迫切需要一个能够控制并协调各部分行动的"管理系统"。像生物体一样，社会也发展出其最高的以及从属的管理中心，最高中心也会逐步扩大并复杂化。管理中心既有处理外部事务的职能，又要担负起内部调节与社会控制的工作。

斯宾塞以社会有机体论为依据总结了他的进化论社会学的宗旨。"社会通过简单的体积增大和群体的结合与再结合形成一个整体。而从同质向异质的变化则为许多实例所证明：从其各部分完全相同的简单部落社会，发展为具有结构与功能差异性的文明国家。伴随着一体化与分化的发展的是凝聚力的增大。我们看到流浪汉们好像一盘散沙，没有能把他们结合在一起的纽带；由其成员构成的部落通过服从于一位首领而较有内聚力；一些部落则通过一种政治结构联合起来，有一位领袖及其他一些次要的首领；及至文明国家，其团结的纽带足以支持千年

韦伯和他的弟弟阿弗雷德和卡尔

以上，与此同时确定性也随之增大。……进步是朝着更大的规模、凝聚力、多样性与确定性的方向发展。"

迪尔凯姆是实证主义社会学的集大成者，他生于1858年，死于1917年，是法国人。孔德、斯宾塞以来的社会学一直致力于确立社会学独立的学科地位，使之摆脱哲学思辨方法的束缚。但由于他们过于注重自然科学上的类比，尤其是生物学上的类比，往往在社会有机体论和进化论的框架内徘徊不前，忽视了对社会学独特视野和方法的深入探讨，从而只能停留于生物学主义的社会学。当然，这种以社会有机体和进化论为特征的生物学主义社会学也属于实证主义社会学，而且是其早期的第一个重要形态。

迪尔凯姆则开创了实证主义社会学的第二个重要形态，即社会学主义社会学，从而把实证主义社会学推向了成熟，迪尔凯姆本人也因此成为实证主义社会学的集大成者。社会学主义代表这样一种新观点：社会学必须以解释社会事实为宗旨；社会事实乃是各种社会因素的结果，社会学不仅无须其他学科之助，而且在某些情况下还能有助于其他学科。社会学主义致力于发现一套独特的社会学方法规则，它们能指导人们如何研究和解释社会事实。

社会学主义仍是实证主义社会学范围的一个流

派。迪尔凯姆虽对实证主义的奠基人孔德、斯宾塞时有批评，但批评的不是别的，正是他们那种背离其自身实证主义原则的哲学思辨倾向。迪尔凯姆指责孔德、斯宾塞，他们以社会现象的先入观念代替对现实世界现象的研究，如果社会学这门学科仍持续他们的研究方向，最终难免只是哲学的一个分支而已。迪尔凯姆毫不怀疑，科学的社会学的关键一步是承认社会事实就其为客观事物这一点而言，与自然现象一样服从于特定的规律，而实证主义的认识原则在实际活动中是有坚实根据的。因此，迪尔凯姆的社会学主义与孔德、斯宾塞的生物学主义的分歧只不过是实证主义社会学家族内的分歧。就实质而言，社会学主义比生物学主义更充分地兑现了实证主义原则。

← 一九一七年的韦伯

　　迪尔凯姆在社会学史上的地位是稳固而崇高的，他与马克思·韦伯、卡尔·马克思一起构成了社会学史上的"三巨头"，而且他是最早获得普遍承认的一位社会学大师。美国社会学家柯林斯将社会学的实证主义传统称为迪尔凯姆传统，亦不为过。由迪尔凯姆开创的社会学主义及以社会学主义为理论核心的社会学年鉴学派，使孔德以来的实证主义社会学蔚为大观。

　　从孔德经斯宾塞到迪尔凯姆，实证主义社会学由粗糙到精致、由生物学主义到社会学主义，在韦伯时代终于成为当时社会学界的最有势力的传统。当然，这里的"最有"必须这样理解，实证主义社会学当时无论在人员构成或理论贡献上都是世界一流的，就其发展程度而言，它较其他传统更为成熟，也更有魅力。在韦伯被世人认可之前，迪尔凯姆几乎成了人们公认的社会学界唯一的大师。在这个意义上，当时的实证主义社会学是独霸天下的。而韦伯所要结束的时代也就是这样一个实证主义社会学独霸天下（或迪尔凯姆独霸天下）的时代。

　　应该指出，社会学的实证主义是深深根植于英、法传统的，而德国的人文主义传统则与之格格不入。实证主义的创始人孔德是法国人，社会有机体论和社会进化论的代表人物斯宾塞是英国人，社会学主义的开创者和实证主义社会学的集大成者迪尔凯姆又是法国人。法国的文化传统自笛卡儿以来经百科全书派至孔德、迪尔凯姆，一直具有强烈的科学主义倾向，而实证主义正是科学主义在孔德——迪尔凯姆时代最有代表性的形态。英国的文化传统自培根以来经洛克、休谟等人的经验论至斯宾塞，始终具有强烈的经验主

马克斯·韦伯说："美国是最世俗的，同时又是最信奉宗教的国家。"这句看似矛盾的话，却恰恰说明了宗教在美国的独特面貌。在美国这个现代文明高度发达的社会，90%以上的人宣称他们有宗教信仰，美元上印着"我们信仰上帝"的箴言，这在世界上绝无仅有。

义倾向，而经验主义在康德之后的主要继承者便是实证主义。所以，孔德以来的实证主义是法国科学主义与英国经验主义相结合的产物，是英、法知识传统孕育的独特精神。

了解韦伯的出现，不了解德国的文化传统是不行的，因为韦伯正是在这种与英、法传统截然不同的氛围下成长起来的。德国的文化传统自歌德、席勒、康德、黑格尔以来，经尼采、狄尔泰、文德尔班、李凯尔特至韦伯，一直具有浪漫主义和历史主义的基本特征，体现出强烈的人文主义倾向。德国的这一文化传统甚至在当代也卓尔不群、独立不改，与英美传统及法国传统形成了鲜明的对照。

浪漫主义反对整齐划一、普遍性的框架，追求可计算的简单性；反对把生命现象机械化；对标准化抱着美学上的反感；力图冲破对个人心灵的一切束缚，渴望个体生命的充溢、飞扬。浪漫主义有着强烈的非理性主义情绪，极端的浪漫主义哲学家尼采的批判起于苏格拉底的西方科学主义传统，把一切诗性的东西都归入技术性的概念进行推演，变成了逻辑系统。其恶果是"不知餍足的发明兴趣的膨胀，是挤入别人宴席的贪馋，是对现在的轻浮崇拜"。浪漫主义强烈反对个人生命的沉沦、意义世界

海得堡大学创立于14世纪，是德国最古老的大学。除了韦伯之外，这里还与歌德、黑格尔等文化巨人关系甚深。

的实证化，突出了作为精神主体的人的不可还原性、人格的至上性和性灵的创造性。

历史主义同样是德国文化传统中最基本的要素，它自康德以来就成为德国文化的传家宝。历史主义将自然与历史看作"在某种意义上各有其特征的两个截然不同的世界"，认为自然科学的概念和方法就其本质而言不能反映人类历史的复杂性。19世纪后半期，以狄尔泰为代表的生命哲学和以文德尔班、李凯尔特为代表的新康德主义哲学的兴起，不但复活了浪漫主义，形成了历史主义学派，而且就社会科学的性质、对象、方法等一系列问题展开了对实证主义的批判。

德国历史主义学派坚决反对实证主义的世界统一性原则与科学的统一性原则，反对将自然科学的研究方法推广到社会历史领域。他们认为，实证主义力图到处揭示一般的、重复出现的、同样的事物，但是忽视了一个基本事实——人类历史范围的东西，"从最广泛的意义说，就是那种仅仅出现一次的、件件都是个别的、属于经验范围的实际事物；它既带直观性，又带个别性"。

韦伯生活的时代，正是德国历史主义和新康德主义广为流行的时期，他的学术思想受到了以当时的历史主义和新康德主义为代表的德国文化精神的深刻影响。韦伯称自己是历史主义学派的门徒，强调他的努力旨在获取社会事实之历史方面的知识。在韦伯看来，社会科学是典型的历史科学，系统的社会学在某种意义上是一辅助的历史学科。韦伯接受了新康德主义的一些重要思想，尤其是李凯尔特和齐美尔的思想——选择历史材料，并将之组织为一个有意义的整体，它并非简单地反映事实，而是认识主体的一种创造，并且认识主体要采用适当的认识工具及精确的方法。

正是在这样的时代和文化背景下，韦伯开创了理解的社会学这一人文主义社会学流派，从而使人文主义社会学异军突起、蔚为大观，成为与当时以社会学主义为代表的实证主义社会学平分天下的一

虽然韦伯并非出生在德国的莱茵地区，但他却在莱茵地区的海德堡成名——他曾在海德堡大学读书、任教并创立他的学说。

个重镇，这只是就韦伯时代而言。在此之后，人文主义社会学大有压倒实证主义社会学的势头，在当代，"反实证主义"与"后实证主义"成了社会学的时髦。

韦伯理解的社会学作为人文主义社会学的第一个综合性、系统性表述，在众多方面，尤其是方法论领域，与实证主义社会学是截然不同甚至针锋相对的。韦伯认为，社会学研究的出发点是个人有意义的社会行动，而不是社会有机体或社会事实；社会学研究的基本方法不仅仅是因果性的说明，更重要的是解释性的理解；社会学研究确定的只能是事实，因此在研究中必须保持价值中立；社会学研究可应用理想型，但理想型本身恰恰是无法证实的，离开了理想型，我们将失去审视社会和历史的透镜；理性化是社会发展的总趋势，但这种理性化并不允诺一个乌托邦，结果可能恰恰相反。韦伯还以理解的社会学中的方法论为基础，为宗教社会学、发展社会学、政治社会学等做出了重要的贡献。这些贡献使他成为一个堪与迪尔凯姆争辉且有过之而无不及的大师。

美国社会学家科塞认为，可以将社会学划分成前韦伯时期和后韦伯时期，这一看法并不过分。在前韦伯时期，尽管有齐美尔等这样的人文主义社会学大家，但与韦伯这轮"明月"相比，他们只能算作令人瞩目的"星"。这些"星"与迪尔凯姆这轮实证主义社会学的"明月"相比，不免黯然失色。因此，在前韦伯时代，以迪尔凯姆为其集大成者的实证主义社会学真可谓独霸天下了。正是韦伯的出现，才打破了这种一枝独秀的局面，在社会学的上空又升起了一轮"明月"，而且更圆更亮。此后，以韦伯为宗师的人文主义社会学和以迪尔凯姆为宗师的实证主义社会学便各领风骚、互为师表，创造出现代社会学辉煌灿烂的大气象。现代社会学的大师、美国著名社会学家帕森斯正是在这两大传统的交汇中诞生的，而帕森斯的终点又恰恰是当代社会学的起点。后韦伯时代，也就是现代社会学诞生的时代，是当代社会学争奇斗艳的时代，没有韦伯就没有后韦伯时代，也就没有现代、当代社会学。韦伯结束了一个时代，即前韦伯时代——实证主义社会学的时代，同时也开始了一个时代，即后韦伯时代——社会学的时代，这两大传统各领风骚。

相关链接
XIANG GUAN LIAN JIE

"社会学"一词的由来

社会学在语源学上的意义是关于社会的学问。绝大多数社会学家认为"社会学"一词最早是由法国哲学家、社会学家孔德在 1838 年 10 月出版的《实证哲学教程》第 4 卷中正式提出的。他试图使用一种物理学的方法来统一所有的人文学科——包括历史学、心理学和经济学，从而建立经得起科学规则考验的学科。他的社会学理念是典型的 18 世纪的：他相信所有人类活动都会一致地经历截然不同的历史阶段，如果一个社会可以抓住这个阶段，就可以为社会病开出有效的药方。据考察，这部共 6 卷至 1842 年才出齐的著作，从第 1 卷（1830 年）至第 3 卷（1835 年 9 月）没有出现过社会学这个词，使用的都是"社会物理学"这个术语。因此，根据第 3 卷、第 4 卷发表的时间间隔推算，"'社会学'这个名词，大概是 1835 年至 1838 年之间用的"，也有个别社会学家认为社会学这个术语是由比利时社会统计学家凯特莱于1835年首先提出的。

　　学术界至少有两种解释：一种解释认为这是针对圣西门的，因为孔德十分傲慢、自负，以为社会学这门新学科是他发现的，所以要用自己创造的社会学来代替圣西门一生中大部分时间使用的社会物理学来命名这门学科。另一种解释认为这是针对凯特莱的，因为在孔德看来，社会物理学这一术语已被这位比利时社会统计学家所"窃用"，所以要创造一个新名词来代替它。这两种解释孰是孰非，除了具有考据意义之外，对于学科的实质意义不大。重要的是孔德使用社会学这一术语的实质和目的，仍和使用社会物理学一样，都是为了表明一门用实证方法研究社会现象的基本规律的独立学科，以区别于过去那种思辨的社会哲学或历史哲学。社会学的发展，无论从孔德开始的西方社会学，还是从卡尔·马克思开始的马克思主义社会学，都经历了一个从一般的社会哲学到专门的具体社会科学演变的过程。

相关链接
XIANG GUAN LIAN JIE

社会学释义

社会学是从社会整体出发，通过社会关系和社会行为来研究社会的结构、功能、发生、发展规律的综合性学科。学科最初得名于孔德，经过卡尔·马克思、斯宾塞、迪尔凯姆、马克斯·韦伯等学者的不断发展，逐渐形成有独立研究对象、理论、研究方法和范式的一门社会科学。其研究对象包括历史、政治、经济、社会结构、人口变动、民族、城市、乡村、社区、婚姻、家庭与性、信仰与宗教、现代化等领域。其方法论思想是多元的，比如以迪尔凯姆为代表的社会唯实论，认为人存在于社会之中，其行为和思想都并非纯粹服从于个体理性的，而是受到社会的塑造、限制乃至决定。另有以马克斯·韦伯为代表的社会唯名论。

一个生命的历程

完整的生命开始于家庭，而不是母腹。

——题记

没有比出生更为明显的生命现象了，也没有比出生更为晦涩的社会现象了。同样是十月怀胎、一朝分娩，有人却生于富贵之家，有人却生于贫贱之室；生于富贵之家的子弟又往往膏粱一世、碌碌无为，生于贫贱之室的儿女却常常奋发图强、立德建功。这只是就一个典型事例来说，若再深入到家庭的细节——父母的性情、职业、亲属关系、民族、地域等，你会发现一个人的出生与他的命运是如此息息相关，相比之下，出生的生物学意义反倒微不足道了。如果说生物性的生命开始于母腹，那么更为重要的社会性的生命却开始于家庭。了解一个生命的历程，不了解其出生的家庭是不完整的。

马克斯·韦伯，1864年4月21日出生于图林根的爱尔福特市。图林根在当时是属于普鲁士统治下的一

个地区，现在已归入德国版图。韦伯父亲的祖辈是来自奥地利帝国的路德派流亡者，他们移居比勒菲尔德，成为那里的头号布商。韦伯的外祖父叫沃伦斯坦，1835年，他同艾米丽·苏凯结婚，这是沃伦斯坦的第二次婚姻。艾米丽·苏凯生下了海伦·沃伦斯坦，也就是马克斯·韦伯的母亲。

沃伦斯坦于1842年去柏林为普鲁士政府效劳，由于工作得并不出色，便于1847年退休去海德堡。在海德堡，沃伦斯坦从事一些有益的工作，并且与历史学家施洛塞尔和他的学生盖尔温努斯所主持的那个由饱学之士组成的文化圈子交往甚密。这种关系对于马克斯·韦伯的命运有着重要影响。

朗克是19世纪德国影响最大的历史学家。他和他的学生都倡导以客观主义和科学方法为指导的新的"科学的"历史学，并形成了近代西方史学中最有势力的一大学派，即朗克学派，这也可以看作当时实证主义思潮的一部分。而历史学家施洛塞尔的见解却与朗克学派的观点针锋相对，他认为，历史学不可能摆脱价值判断和先入之见，历史学家有着对历史人物和事件加以评判的义务和责任。施洛塞尔的学生盖尔温努斯是当时哥廷根七教授之一，具有强烈的自由主义倾向。他们提出的思想和问题对韦伯一生的学术发展都有影响。

　　盖尔温努斯对韦伯的影响更是多方面的，不仅仅限于韦伯的学术，还包括韦伯的家庭、韦伯的身心。

←韦伯像

情况是这样的：在韦伯的外祖父沃伦斯坦去世之后，盖尔温努斯便住在沃伦斯坦家。盖尔温努斯千方百计想得到海伦，即沃伦斯坦的女儿、韦伯的母亲。后来，他又想让海伦嫁给他的一个学生。海伦因此逃往柏林她姐姐家，她姐姐艾达是著名历史学家鲍姆加通的妻子。正是在那里，海伦遇到马克斯·韦伯的父亲，并且嫁给了他。这是一桩没有幸福的婚姻，因为海伦和老韦伯根本性情不合。

老韦伯于1836年出生，是住在比勒菲尔德这家人的最小的儿子。老韦伯的大哥继承父业，对布匹经营进行过改革，创立了一套合理化的产销体系，成为一个买卖兴隆的企业家。老韦伯学的是律师专业，获得博士学位后成为柏林的一位市政雇员，同时又是一位新闻记者。老韦伯是一个俾斯麦主义者，君主制的热烈拥护者。他曾以地方法官的身份居住在爱尔福特，也就是小韦伯的出生地。小韦伯出世后，老韦伯才回到柏林，在普鲁士政权统治下平平稳稳地做个小官。

老韦伯属于19世纪德国社会的一员，他的道德准则是"成功即美德"，而不是那种追求内心美德的原则。这种道德准则后来大大地影响了小韦伯，当然也带来了小韦伯内心的纷扰。老韦伯的活动圈子属于知识界，在这个圈子里，老韦伯忍受不了一切走极端的言行，他没有一个社会思考和行动计划是能贯彻到底的。这种"中庸之道"在多大程度上影响了韦伯的个性与学术，我们不得而知。

小韦伯的母亲——海伦·沃伦斯坦，对老韦伯的所有这些是相当反感的，她把他看成一个耽于俗欲的庸夫。从1876年以后，小韦伯父母之间的关系便处于一种已经习以为常的疏远状态。海伦把全部心灵都投向了宗教，她以自己的方式去寻找上帝，而不是通过宗教教义或神学途径。她与其说是因为感情方面的原因才去寻找上帝的，毋宁说是因为寻找上帝才妨碍了感情，她寻找上帝完全出于一种没有俗念的宗教虔诚。

海伦深深地被19世纪新英格兰的那套布道宣教所感动，这套宗教理论拒斥戏剧、恐怖、显赫和荣誉，主张坚决摒弃与狭隘的个人主义联系在一起的情感和欲望。这就以某种方式回到了在英国和美国有很大影响的那个古老的思想主题上，这种思想认为，使个人得以超凡入圣的过程就是恭顺地、尽心地从事上帝交给的工作。海伦的这一切对小韦伯的思想有着重要的影响。

海伦曾为了逃避纠缠而躲在柏林的姐姐艾达家，艾达的丈夫就是赫尔曼·鲍姆加通——著名历史学家。后来这个人对小韦伯产生了另外一种影响，成年的马

克斯·韦伯所迷恋的那些事物和人物，恰恰是鲍姆加通所痛诋的。艾达的宗教态度和海伦很相近，她有着一种略带炫耀意味的仁爱之心，因为她显然是一家之主。鲍姆加通一家人的那些政治观点和宗教观念加剧了青年韦伯的思想矛盾，这种矛盾早在他的整个童年时期就一直存在着。

韦伯的学说阐述了一系列相互矛盾的、对立的主题，如目的——工具合理与价值合理、职责伦理与信念伦理、文明进步的开明观点与文化演进的悲观主义等，这一系列对立主题在一定程度上反映了他内在精神的矛盾，韦伯终生都为这矛盾的两极对立所困扰。而这种矛盾的人格和思想与以上所述的家庭背景大有关系，其中影响最大的是韦伯双亲在观念上、道德上及性格上的重大差异。

韦伯的父亲并无出众的人格魅力，实质上是一个贪图世俗利益、享乐的人，但他仕途平稳、生活安逸，家里常常高朋满座、名流会集。韦伯从他父亲那里学到了政治的现实感及妥协的必要性。韦伯的母亲则淳朴虔诚、极端节欲、心地仁慈、德行高尚，热衷于社会公益和慈善事业。双亲间的巨大差异，不但导致了婚姻关系的紧张，而且造就了韦伯性格的内在矛盾。

最初，韦伯以他父亲为榜样，后来受他母亲影响更大。从外表看韦伯像他那冷静、务实的父亲，但内心却受母亲道德观念的支配。在生活中，韦伯严峻、充满男子气，热衷于向学生灌输纪律观念，并以豪饮为荣；他当过兵，军队的制服和决斗的伤痕都令他自豪。但在内心深处，母亲的信念与影响已深深扎根。这种二元对立的人格在韦伯的政治生活和学术生涯的矛盾中暴露无遗。受其父亲的影响，韦伯热衷于政治事务，并对政治的本质有清醒的认识，在他的著作中，韦伯一直坚持认为在政治中恪守纯洁无染的道德信条是灾难。但他个人的行为却始终表现出极端的道德立场，这使他很难适应政治生活，最后不得不转向学术生涯。韦伯试图在政治与学术、行动与反思、现实与道德、享乐与禁欲等两极间寻求解决矛盾的途径，他那多重取向的学术运思体现了这种冲突的结果。

西方学术经典译丛

马克斯·韦伯 著

新教伦理与资本主义精神

Die protestantische Ethik und der Geist des Kapitalismus

彭强 黄晓京译

陕西师范大学出版社

以上考察了韦伯的家庭、亲属、朋友及其对韦伯的影响，下面对韦伯的生命历程作一番浏览。韦伯两岁的时候得过一场重病，据说是脑膜炎，因此

使他受到母亲的格外照顾。1869年，韦伯随全家重新定居在柏林的夏洛赖堡区，并在那里上学，接受的是正统的主要是古典式的教育。1882年，韦伯到海德堡，进入法学院学习。1884年，他在斯特拉斯堡当上了一名应征入伍的低级军官。1884年至1885年，他在柏林大学读书，1885年至1886年，他又在哥廷根大学读书。在德国大学里，这种从一个地方转到另一个地方读书的情况是常见的。在哥廷根期间，他阅读了马克思的《资本论》第一卷、第二卷和尼采的《查拉图斯特拉如是说》。韦伯后来声称，他的知识背景是由马克思和尼采支配的，并且说："谁要是不承认，如果没有这两个人，他就不可能在自己的学术领域里作出重要贡献，那么他就是在自欺欺人。"

离开哥廷根以后，韦伯在柏林法律界谋得一个小小的职位，度过了3年时光，后来回到斯特拉斯堡做了一名预备军官。1889年，韦伯以论文《中世纪贸易公司史论》获得博士学位，这时他成为柏林初级法院的一位助理。1891年，他以论文《罗马农业史对公法与私法之意义》获得大学教师资格。当时，大历史学家西奥多·孟森参加了韦伯的论文答辩，并提名韦伯为他的教席的继承人。在这篇论文通过考核时，孟森说道："当我不能不进入坟墓的时候，我将只能对一个人——那个人就是将受到崇高敬意的马克斯·韦伯——快活地说：'我的孩子，这是我的长矛，这东西对我的胳膊来说已经是太沉重了。'"

1892年，韦伯在柏林获得法律教学方面的一个小小的职位。同一年，韦伯与他的第二个堂妹结婚。这位堂妹就是马丽安·韦伯，她后来写了一本关于韦伯的传记。1894年，弗赖堡大学聘请韦伯做政治经济学教授，在任教期间，韦伯又阅读了《资本论》第三卷。1897年，韦伯接替了海德堡大学的经济学家克尼斯的职位。随后而来的就是一场"精神崩溃"。

"精神崩溃"在哲学家、艺术家、文人、学者当中并不是件稀罕的事，因为精神创造、精神紧张、精神分裂、精神崩溃在某种意义上存在着联系。前面提到，精神紧张和精神分裂早在韦伯的童年就种下了种子，这粒种子来自他的家庭和社会环境。这种紧张

拥有丰富、高雅文化的伊斯坦布尔，被韦伯称为"贵族的别墅"。

和分裂一方面使韦伯的精神创造力源源不绝，另一方面也把韦伯推向精神崩溃的边缘。由于韦伯的这场"精神崩溃"对他的一生是一个重大的转折点，这里有必要略着笔墨。

年轻的韦伯是极富创造力的，截至1893年，他在学术上就已经卷帙浩繁、成果累累了。然而，在家庭感情和个体人格上，韦伯正经历着一场变化，也就是从他父亲的儿子变成他母亲的儿子。韦伯的父亲在外面是个讲求实惠、百依百顺、散散漫漫的人，在家庭里却是个暴君。他对妻子的圣洁、虔诚和慈善持一种鄙夷不屑的态度。对于置身社会和家庭双重压力下的韦伯，这位父亲不仅代表着家庭中的一种暴虐统治，而且代表着当时那个庸俗而又强暴的帝国。韦伯对于父亲这一家庭中的权威和帝国这一社会中的权威的态度是极其相近的，既赞美、顺从，又不肯苟同。韦伯的内心深处对母亲有着一种越来越深的认同感。韦伯力图把他对父亲和帝国的那种既赞美、顺从又恐惧、反抗的复杂态度与他对母亲的那种道德认同一股脑儿地融入自己的人格中去，然而这何其矛盾和困难。

大约在老韦伯逝世前7个星期的时候，韦伯和他的父亲争吵得难解难分，这是为了讨论一件家庭事务：父亲是否应当和妻子、儿子一起住在海德堡。这个意见看起来不值得大惊小怪，这次争吵似乎也是小题大做、借题发挥。无论如何，争吵后的不久一段时间，老韦伯去世了。在父亲的葬礼举行完之后没几天，韦伯就病了一场，痊愈之后便去为福音派新教会社会联盟作了几次讲演。但是到了1898年5月，韦伯便患上了失眠症，他在春天的树林里带着泪痕走来走去，后来被送入医院治疗。从那以后，韦伯的病情偶有好转，但由于教学的劳苦——这在德国大学是难免的，总的趋势是不断加重。1899年，韦伯被允许离职休养。1900年，他开始无限期地离开大学去休假，这对于韦伯无疑是个解脱。

韦伯在英国、苏格兰、比利时、意大利等国旅行了3年时光。到了1902年，他感觉自己可以读书和工作了，哪怕只是少做

柏拉图之于哲学，牛顿之于物理学，韦伯之于社会学……这些人类精神的不朽象征，是他们各自开拓的精神领域的"明月"。图为英国大科学家牛顿。

一些工作。1903年，韦伯和沃纳·松巴特一起承担了
《社会科学与社会政治文献》这家学术刊物的编辑工
作。1904年，他应设在圣·路易斯的国际博览会的邀
请，访问了美国，足迹远至俄克拉荷马和新奥尔良。
美国的资本主义和政治秩序——在这里，伴随民主而
来的是首脑对政治的控制、首脑对城市的控制以及卓
有成效的官僚政治机构，给韦伯留下了颇深的印象。

在韦伯"精神崩溃"的那些年，他依靠广博的知
识和对世界的关心而奋发写作，并成为一名不折不扣
的社会学家，而不是法学家或经济学家。1909年，韦
伯正式从事社会学事业，并且成为新成立的"德国社
会学学会"会员。这是由一群积极献身于此项事业的
学者组成的团体，主席是受人尊敬的滕尼斯。可是，
韦伯当时还是一个病人，尽管在几年的休养中健康已
得到改善。

韦伯那矛盾的心灵真正从分裂和崩溃中得到解脱，
还是从1914年第一次世界大战爆发的时候才开始的。
伴随着1918年帝国的土崩瓦解以及韦伯将他的君主主
义思想彻底抛弃，韦伯才算完全从那种精神疾患中获
得解放。如果说父亲这个家庭权威的死亡使韦伯本来
就艰难维系的矛盾着的精神突然陷入混乱和崩溃，那
么，伴随着帝国这个社会权威的灭亡，造成韦伯精神

分裂的一极完全消除了，他那混乱和崩溃的精神在新的原则下重新获得了秩序和安宁。

1914年至1918年第一次世界大战期间，韦伯在医疗管理局工作。1918年，韦伯去维也纳重执教鞭，担任那里特别设立的一个社会学教授的职位。1919年，他在慕尼黑接替了另一位著名经济学家布伦塔诺的教授职位。1920年6月14日，韦伯在家中与世长辞，年仅56岁。他的死是由1918年发生的那场遍及全欧的流行性传染病引起的。死于这场传染病的人数比1914年至1918年那场世界大战的伤亡人数还要多。到了1920

了解韦伯的出现，不了解德国的文化传统是不行的，因为韦伯正是在这种与英、法传统截然不同的氛围下成长起来的。图为德国科隆大教堂。

德国的文化传统自歌德、席勒、康德、黑格尔以来，经尼采、狄尔泰、文德尔班、李凯尔特至韦伯，一直具有浪漫主义和历史主义的基本特征，体现出强烈的人文主义倾向。图为德国著名剧作家、诗人、思想家歌德。

年，这种传染病的势头有所减弱，但是由于战后生活必需品的匮乏、食品定量的限制以及封锁产生的影响，全欧的人口依然在减少。韦伯在1920年的孟夏时节身染此疾，随后转为肺炎。在当时，一染上肺炎，往往就要送命，韦伯终于难逃此劫。

韦伯在世的时候，他的名字还不能说是响当当的，自他逝世以后，他的名望便一直在稳步增长，而现在他已经声名大振了。韦伯已经在社会学领域取得了稳固的地位，他也许是唯一一个从未被人忽视的古典大师，对韦伯表明自己的态度已成为每一位社会学家的一种职业性的责任。美国社会学家科塞甚至称誉韦伯为"社会分析的科学和艺术的至今无人企及的大师"。

但是，韦伯究竟做出了什么贡献，是什么使他拥有如此广泛而深远的影响力？也许，方法论学者会称

道他的理想型概念；人文主义社会学的追随者会讨论
他的理解的社会学；现代化问题的理论家会热衷于他
对理性化过程的论述；组织学的学者会抓住他的科层
制概念；研究政治关系的社会学者自然会青睐他的统
治和权力理论。然而，没有一个人会穷尽韦伯的"家
产"，因为这一"家产"正在人们读解韦伯的历史中不
断增值，在这个意义上，甚至韦伯自己也不清楚自己
的"家底"。

当然，韦伯在几个方面的理论贡献毕竟是举世公
认的，仅就这几个方面的贡献而言，韦伯已无愧为一
代社会学宗师。下面，我们将分几个方面来详细探讨
韦伯较为重要的理论贡献，至于其他或许也十分重要
和有待发掘的东西，只好暂时割爱。

历史主义是德国文化传统中最基本的要素，它自康德以来就成为德国文化的精髓。韦伯生活的时代，正是德国历史主义和新康德主义广为流行的时期，他的学术思想也因此受到了深刻影响。图为德国古典哲学的创始人康德。

相关链接
XIANG GUAN LIAN JIE

关于社会学的几个"第一"

第一本以《社会学》为题目的图书是19世纪中期的英国哲学家赫伯特·斯宾塞所著。

1890年,美国的肯萨斯大学的"社会学元素"是社会学第一个课程。

1892年,芝加哥大学由艾比安·斯莫尔成立美国第一个独立大学学院,他也创立了《美国社会学学报》。

1895年,法国的波尔多大学成立欧洲第一个社会学学院。

1904年,伦敦经济及政治学院成立英国第一个社会学学部。

1919年,马克斯·韦伯在慕尼黑大学成立第一个社会学学部。

1920年,Florian Znaniecki在波兰成立第一个社会学学部。

第一次关于社会学的国际合作发生于1893年。当时René Worms成立"社会学国际小学院",最后与创立于1949年的国际社会学家协会合并。1905年成立的美国社会学协会是今天世界上最大的社会学家协会。

相关链接
XIANG GUAN LIAN JIE

中国社会学的开端

中国各种书刊中最先采用社会学一词的是谭嗣同的《仁学》。这本1896年出版的书在第一篇中称："凡为仁学者，于佛书当通华严及心宗相宗之书，于西书当通新约及算学格致社会学之书。"社会学在最初输入中国时，还叫作"群学"或"人群学"。最初用这一名称的是康有为。据梁启超所记广州长兴学舍教育大纲，康有为在1891年曾把"群学"同政治学原理一起并列为经世之学。但是，谭嗣同只是提到社会学，而没有涉及具体内容；康有为的群学，我们也只知其名称，无从考察其内容。

严复是以群学的名称系统介绍西方社会学内容的第一人，他从1889年移译斯宾塞的《社会研究》的前两章到1903年出版全书，书名译为《群学肄言》，这标志着中国社会学的开端。章太炎则最早直接用社会学的名称在1902年翻译出版了日本人岸本能武太所著的《社会学》。此外，吴建常、马君武也在1903年分别出版了吉丁斯的《社会学提纲》和斯宾塞的《社会学引论》中译本。

理 想 型

这是一种"乌托邦"。

——韦伯

　　相信纯粹事实的人是多么天真，就好像硬要聋子去赞美贝多芬——这是后现代派的典型嘲讽，不过，这种嘲讽之声的源头却不能不追溯到令后现代派横眉冷对的大哲学家康德。康德是哲学上的"哥白尼"，尽管他被一些后现代哲学家当成形而上学的典型加以批判，实际上正是他否定了人类离开概念、范畴去直接认识纯粹事实的可能性。康德之后，这种见解成为德国思想界的一个共识，在黑格尔那里，甚至走到了这样一个极端——唯有概念是实在的，世界的本体是逻各斯（逻辑、概念），自然和精神不过是逻各斯自我展开、自我嬉戏、自我欣赏的环节和过程。在韦伯时代，新康德主义正在流行，韦伯也深受其影响。新康德主义继承了康德的认识论原则，并将之与自然科学方法论结合起来，使康德的认识理论更加精密化、系统化。

新康德主义的一个基本见解就是——人所认识到的世界是以概念、图式为中介建立起来的。显而易见，这个见解直接来自康德。在新康德主义诸领袖中，韦伯受李凯尔特的影响极大。李凯尔特的父亲也是柏林的一位政界人物，与韦伯的父亲是至交。李凯尔特使韦伯充分注意到了人文社会科学的独特性。当然，韦伯并未全盘接受李凯尔特的原则，因为他对李凯尔特把人文社会科学与自然科学完全对立起来的做法并不赞同，而韦伯的"理想型"方法正是对李凯尔特历史学个别化方法的超越和扬弃。

韦伯把新康德主义从康德那里继承下来的认识论原则应用于社会学领域。韦伯认为，社会现实不能凭借让事实"本身来发言"而被理解。社会事实并非像海滩上的卵石那样等待着人们随手拣拾。什么东西能成为社

←韦伯像

会事实，这在很大程度上取决于我们通过它去打量世界的精神眼镜。因此，要正确地理解社会现实或社会行动，就必须在理论上抽象出它们的"纯粹"形态，以此与它们的现实过程进行比较。这种"纯粹"的形态便是"理想型"，而理想型就是人们审视社会的"精神眼镜"。应该指出的是，韦伯提出"理想型"并不是发明了一种前所未有的新的分析手段，因为这种方法事实上早已被其他学者默默地加以使用了，只不过未作系统的阐明、揭示而已。韦伯的贡献正在于把这种过去无意识地运用的方法公之于众并加以系统化，从而使之成为社会科学研究中的自觉手段。

韦伯使用"理想型"这个词到底是什么意思，人们对此已经写了大量的文字加以讨论。韦伯的理想型概念首先是一种思维的建构："通过片面强调一种或几种观点，通过综合许多散乱的、不连贯的、时有时无的具体的个别现象，并按上述片面强调的观点，将这些现象安排到一个统一的分析结构中去，就可以形成一个理想型。就其概念的纯粹而言，我们在经验现实的任何地方都不能发现这种精神的构造。这是一种'乌托邦'。在每一种情况下，确定这种理想构造接近或离开现实的程度，乃是历史研究所面临的任务。"

理想型不是现实中的确存在的典型，例如"他是一个典型的股东""那是一个典型的合同"等,而是一种逻辑建构,它从来没有在历史、社会的真实里存在过;它只是一种抽象的概念,用以检视经验界的事实,把握社会领域的复杂性。换而言之,按照韦伯的看法,只有通过这种清晰的理想型之建构来分析社会现实或社会行动,社会学家才有可能从经常是相互抵触的、混乱的经验材料中理出个头绪来,从而精确地显现出事实中最关键的层面。要做到这一点,必须对经验材料加以取舍,选择和强调那些对所讨论的问题具有重要意义的事实材料,扬弃和忽略那些与所讨论的问题

←韦伯著作

无关紧要的材料。例如，韦伯本人在研究宗教社会学的问题时，首先从分析中古以来西欧历史的演变入手，从中选择出一些他认为是促成西欧近代资本主义发展的主要因素，再将其有系统地组合起来，这样就产生了一个西欧资本主义之形成的"理想型"。然后，他利用西欧资本主义的这个"理想型"去进一步检视其他异文化的相关因素，将之有机地构成那个异文化社会的"理想型"，再将这个异文化社会的"理想型"与西欧近代资本主义社会的"理想型"进行比较，以期为近代资本主义为何只有在西欧才产生这个问题提供一

1869年，韦伯随全家重新定居在柏林，并在那里上学，接受的是正统的古典式教育。

种比较令人信服
的解释。

另外，韦伯
的理想型也不是
指社会理想或道
德理想，它并不
意味着含有"善
的""高尚的"
等价值判断。在
韦伯的观念里，
"理想的"这个
词的意思只不过

马克斯·韦伯
思想肖像

是"在现实中没有实际例证"。在韦伯看来，完全可以
有关于贪污、犯罪、暴行或罪孽的理想型。因此，理
想型只不过提供了一种分析的框架、一种研究的方法，
以使社会和历史的材料变得可以理解，它本身是价值
中立的。

然而，理想型又不是随心所欲的虚构，它是以理
论构造的形式表达的"时代的兴趣"和"作者的旨
趣"。为什么构造这个理想型而不构造那个理想型？为
什么使用这个"精神眼镜"而不使用那个"精神眼
镜"？为什么强调"新教伦理"而不强调"物质利益"？

1882年，韦伯到海德堡，进入法学院学习。

这些问题使我们不得不触及理想型之价值中立的界限。原来，理想型的价值中立是有条件的，这种工具性的价值中立在其背景中隐藏了"时代的兴趣"和"作者的旨趣"，而这种"兴趣"和"旨趣"却很难说是价值中立的。诚然，理想型并非现实的摹写，但它最终仍是来自现实本身，是通过"变型"的现实，即通过把研究者认为是具有典型意义的那些因素予以加强、突出、极端化或简化而取得的。在这个"变型"的过程中，"时代的兴趣"和"作者的旨趣"已不知不觉地融入其中。这里顺便提醒一句，不要为理想型的这些"杂质"所气馁，不要幻想铲除"兴趣"和"旨趣"，这是人所不能的，也是多此一举的。

韦伯曾指出有两种不同的理想型。一种是历史学的理想型。在韦伯看来，历史学的理想不仅旨在重现一般的历史实在性与独特的历史实在性，而且旨在对历史的个别现象进行因果分析。以"资本主义"这一历史学理想型为例，"资本主义"一词不仅确定整个经济制度的一般特征，而且根据韦伯的定义，资本主义仅在西方社会才有典型（个别化）的表现。此外，资本主义这一理想型概念在西方社会中各种个别的历史构成物之间建立起因果的联系。

另一种理想型是社会学的理想型。这种理想型是关于历史实在中的抽象组成部分的理想型，如"科层制"、"封建制"等，它们可能存在于多种历史和文化的背景之下，而不像历史学的理想型那样仅出现于特定的历史时期与特定的文化区域（如西方城市、新教伦理）。韦伯将这些具有社会学特征的理想型又称为"纯粹的理想型"。作为社会学研究的概念工具，它是比历史学理想型更为一般的典型。

社会学理想型还可以分为不同的抽象层次。

在第一个层次上是诸如科层制、封建制等这样一些制度性理想型；在更抽象的层次上是关于统治形式的理想型，即法理型、传统型及感召型。在最后一个抽象层次上，我们看到的是各种类型的行为：目的——工具合理型、价值合理型、传统型及情感型。理想型越是抽象，就越是纯粹，越是脱离历史经验实在的个别性，越具有一般性、普遍性内容。

法国哲学家、社会学家阿隆和美国社会学家科塞

都认为，理想型是韦伯认识论的中心的、关键的概念。的确，如果不透彻地理解"理想型"这一概念，就无法进入韦伯的知识天地，因为在这一天地里，韦伯正是熟练地运用着各种理想型进行有条有理的思考。理想型是韦伯知识天地的开门机关，得门而入，拾级而上，你才会欣赏到一路上的好风景。

　　以下，在得门而入之后，我们将沿着韦伯给出的理想型的"阶梯"，由下而上、由抽象到具体地介绍四个层次的理想型：①社会行动的类型；②统治形式的类型；③科层制；④新教伦理与资本主义精神。

相关链接
XIANG GUAN LIAN JIE

关于社会学的9种定义

著名社会学家、社会心理学家孙本文在《社会学原理》一书中曾系统介绍过从19世纪中叶起到20世纪30年代初为止的9种关于社会学的定义：

1. 以社会学为研究社会现象的科学，持此说的有孔德、美国的罗斯和英国的韦斯特马克等。

2. 以社会学为研究社会形式的科学，其代表是德国的齐美尔。

3. 以社会学为研究社会组织的科学，美国的梅尧-斯密和托马斯主张此说。

4. 以社会学为研究人类成绩或文化的科学，其代表是美国的沃德。

5. 以社会学为研究社会进步的科学，美国的卡维尔和蒲希持此说。

6. 美国的赖特和哈特认为社会学是研究社会关系的科学。

7. 美国的斯莫尔认为社会学是研究社会过程的科学。

8.索罗金认为社会学是研究社会现象间的关系的科学。

9.美国的帕克、林德曼以及德国的维泽等主张社会学是研究社会行为的科学。美国社会学家巴利和穆尔指出，在1951年至1971年的20年中，由美国出版的16种普通社会学教科书中关于社会学对象的提法就有8种，即社会互动、社会关系、集团结构、社会行为、社会生活、社会过程、社会现象、社会中的人。

相关链接
XIANG GUAN LIAN JIE

社会学的三个发展阶段

一是早期发展。早期社会学是指产生和形成期的社会学。这个时期的社会学主要形成了社会学发展史上的三大传统，即孔德的实证主义社会学、韦伯的理解社会学和马克思主义社会学。

二是中期发展。社会学的中期发展是指孔德、马克思、迪尔凯姆和韦伯之后到20世纪40年代，社会学在世界各国的传播与发展。19世纪70年代以前，社会学只存在于它的发源地——欧洲的少数国家，从70年代中期开始，首先传入美国，然后世界各主要国家或者通过美国，或者直接从欧洲把社会学引入本土，直到第二次世界大战爆发，是欧洲社会学在世界各国的传播与发展时期。

三是当代发展。当代社会学是指第二次世界大战以后至今的社会学。这是社会学研究日益深入和不断完善、社会学知识的分工和专业化程度日趋严密的时期，也是社会学在世界范围内获得普遍传播和发展的时期。

社会行动的类型

解释性社会学把个人及其行动看作基本单位，看作"原子"。

——韦伯

韦伯把社会学视为一种探讨人的社会行动的理论，这无疑与迪尔凯姆把社会事实作为社会学的研究对象形成了鲜明的对照。关于社会行动，韦伯是这样解释的："行动的个人赋予其主观意义的人类的一切行为都是'行动'。在这个意义上，行动既可是公开的，亦可是内心的或主观的；既可是在某种情境下的积极的作为，亦可是在特定情况下对这种介入的有意回避或被动默许。社会行动是指行动的个人赋予其行为以主观意义，其行为考虑到他人的行为，并且在其行动过程中也是以他人的行为为目标的行动。"

韦伯给出的社会行动定义的要点是社会行动的意向性，其分析的中心放在个体行动者及行动的主观动机和意义联系上。韦伯将纯反应性或机械性的行为排除在社会学的范围之外，而专注于行为主体赋予意义的行动。韦伯认为，社会学上有意义的行动是采取一定的态度、追求一定的目标、委身于一定的价值的行动。有意义的行动是社会行动的本质特征，是历史领域内独一无二的特有现象，从而是有别于自然现象的根本所在。

关于行为主体赋予其行动的那种意义，韦伯一再强调是指主观所领会的意义，亦即行动者本人清楚地意识到的目的和价值，而不是指体现了某种"最高的""真正的"那种"形而上学"的意义，也不是指个人行动可能获得的那种"客观的""别人评判的"意

←韦伯著作的不同版本

1884年至1885年，韦伯在柏林大学（原洪堡大学）读书。

义。诚然，人并非总是知道自己行为的意义，但社会学必须假设社会行动是以个人有意义的自觉的行为为前提的。

　　韦伯不但根据主观意义的有无，将无主观意义的纯粹的反应行为排除在社会行动范围之外（只有在行为主体具有最低限度的自觉意识，因而其行为被赋予主观意义时才称之为社会行动），而且根据某种社会行为与可被纯粹地称之为主观意义取向的行动的距离的远近，将其进行分类，由此给出社会行动的类型。

　　社会行动的类型说是韦伯社会学体系的重要基石，它被韦伯系统地表述如下："社会行动也像其他形式的行动一样，可以根据其取向模式划分为四种类型：（1）

以个人各自的目的系统为取向的合理行为，即通过对有关外界对象的与其他个人的行为的各种期待，并将这些期待当作成功实现行动者自己所合理选择的目标的'条件'与'手段'来利用的行动；（2）以某种绝对价值为取向的合理行动，这种行动包含了一种对某种伦理的、美学的、宗教的或其他的行为方式的自觉的信念，考虑的仅为行为本身，而不顾及外在的成效；（3）情感取向的行动，尤其是指情绪性的行动，这种行动受行动者的特定的情绪与感情状态所决定；（4）以长期通行的习惯所表现出的传统取向的行动。显而易见，与可以被纯粹地称为主观意义取向的行为相比，距离最近的是（1）中的目的——工具合理型行为，其次是（2）中的价值合理型行为，再次是（3）中的情感型行为和（4）中的传统型行为。应该说，情感型行为和传统型行为处于这样一个临界线上：一边是无主观意义的纯粹的反应行为，一边是明显具有主观意

←韦伯像

义的合理行为。"

在韦伯看来，当某个行为能够被描述为与逻辑的准则、科学的程序或是成功的经济行为程序相符合的时候，那么这个行为就是合理行为。也就是说，在这种情况下，它的意向达到了预期的目的，而且它的手段与实际知识和理论洞察完全一致。这种合理行为又可分为两类：当从其他目的中选定一种目的并且选定的手段满足实现目的的标准时，这个行为就是完全合理的，称之为目的——工具合理型行为；当目的被赋予各种价值——宗教的、道德的或是审美的，或是当这些价值影响到对手段的选择时，这个行为就是不完全合理的，称之为价值合理型行为。

目的——工具合理型行为的特点是行动者追求的目的明确，并为达到这一目的，考虑与使用一切有效的手段，工程师建造桥梁、投机商钻营谋利、将军力图取胜等就是这种行为。"这种行为包含了对获致目的的各种可选的手段、其目的与采用任何确定的手段而产生的其他可预见的后果的关系以及最后各种不同可能目的的相对重要性的理性考虑。"最接近目的——工具合理型的社会行动是最容易理解的行动，因为这种行动的主观所指的意义与客观实现的意义最趋一致，因此韦伯最重视目的——手段合理型行为，它为韦伯分析其他社会行动提供了一个参考框架。

阿隆把在决斗中身亡的拉萨尔和与自己船只同归于尽的船长的行为视为价值合理型行为的实例。这种行为本身已包含着主观合理的因素，因为行动者自觉地确定了自己的行为与作为目的的一定的价值之间的关系。行动者不考虑行动的可预见的后果，或外在的得失，只根据自己的信念而行动。"以绝对价值为取向的行动，总涉及行动者认为自己有义务实现的'律令'或'要求'。只是因为人们的行动是以实现这种无条件的要求为目标，我们才视其为以绝对价值为取向的。"

除了目的——工具合理型行为和价值合理型行为这

伦理之业
马克斯·韦伯的两篇哲学演讲
（最新修订版）
【德】马克斯·韦伯 著
王容芬 译

1885年至1886年，韦伯在哥廷根大学读书。

两类合理行为之外，韦伯还指出了两类不合理行为——传统型行为和情感型行为。如果一个行为的目的基于传统的原因（如传统价值观）而被接受，而且手段完全来自或是部分来自传统，那么这种行为就是千百年来在绝大多数社会中居于主导地位的行为方式——传统型行为；如果一个行为被感情和激情所支配，它就是情感型行为，当目的和手段都来自感情的时候，这种行为就在韦伯的社会行动分类体系中与那种深思熟虑的目的——工具合理型行为形成对立的两极。

　　韦伯按合理性强弱的顺序划分社会行动的类型，不仅具有方法论和类型学的意义，而且包含了韦伯对西方社会及他生活的时代的诠释。他认为，在西方社会中，人们的行动日益受到目的——工具合理性的支配，而在以前，人们的行动主要受传统、情感或价值合理性的支配。他还认为，合理化是一个不可避免的世界历史过程。而合理化进程大体上是与目的——工具型行为的范围的扩大相同步的。企业是合理化的经济组织，科层制是合理化的管理组织。整个现代社会都趋向于一种目的——工具合理性的组织，而且非西方社会也正走上这条合理化的道路。"行动'合理化'过程最重要的方面之一是以依自身利益而有计划地适应环境来代替因循守旧。当然行动'合理化'概念并不限于这一过程，因为除此之外它还会向其他不同的方向发展。从积极的方面说，向着自觉的绝对价值合理化的方向发展；或者可能是消极的，即它不仅会破坏习俗，而且会排斥感情的价值。最后由于人们信奉合理性的道德怀疑论，还会抛弃对绝对价值的信仰。"

显然，在韦伯对目的——工具合理型行为的评价过程中再一次暴露出他人格深处的矛

在哥廷根大学期间，韦伯阅读了马克思的《资本论》第一卷、第二卷和尼采的《查拉图斯特拉如是说》。图为德国著名哲学家尼采。

盾。在韦伯的社会行动类型中，两种合理行为——目的——工具合理型行为和价值合理型行为被摆在了突出的位置，并且具有二元对立的意味。这不禁使人想到韦伯家庭中父亲与母亲的对立以及更深层次的韦伯人格中成功与道德的对立。在两种合理行为中，一方面韦伯最重视目的——工具合理型行为，认为它不但提供了分析其他行动类型的尺度，而且提供了分析现代社会合理化进程的标志；另一方面韦伯又颇珍视价值合理型行为，并对目的——工具合理性可能淹没价值合理性的危险表示出深深的忧虑。这就是韦伯，一个正视现实却又为理想所苦的人，一个专心学术却又为政治所困的人，矛盾而真诚。

1889年，韦伯以论文《中世纪贸易公司史论》获得博士学位，这时他成为柏林初级法院的助理。

相关链接
XIANG GUAN LIAN JIE

学术界对马克斯·韦伯的评价

学术界对韦伯在社会学界、管理学界、历史学界、文化研究等领域的贡献评价很高。

著名经济学家熊彼特用一句话赞扬韦伯："历来登上学术舞台的角色中最有影响的一个。"

美国社会学家科瑟对韦伯的学术渊源和成就赞誉道："韦伯的头脑容量大得惊人，影响他思想的因素多种多样。他不是哲学家，但在大学读书时就熟悉大多数古典哲学体系。他不是神学家，但他的著作表明他广泛阅读过神学书籍。作为经济史学家，他几乎读遍了这个领域以及经济理论的一切著作。他具有第一流的法律头脑，对法律的历史和原理了如指掌。他对古代史、近代史以及东方社会的历史具有百科全书式的知识。当然，他专心研读过当时所有重要的社会学论著，就连那时还鲜为人知的弗洛伊德的著作也为他所熟悉。韦伯是最后一批博学者中的一个……"

美国社会学家根瑟·罗思认为："韦伯是唯一

能同卡尔·马克思相提并论的思想家。"

美国学者莱因哈特·本迪克斯认为，韦伯有一种特殊的能力，即把判断与比较历史的方法对其确定性进行核对的能力。

哈佛大学的历史学教授休斯曾经指出，韦伯的脑袋是一个能够容纳多种矛盾思想的神经系统。总体来看，韦伯既是一个激进的民族主义者，又是一个学术上的民主主义者；既是一个不受传统宗教观念束缚的自由学者，又是一个对宗教传统抱有浓厚兴趣的社会学家；既是一个批判社会主义的理论家，又是一个十分敬重马克思及其学说的思想家。

英国社会学家、哲学家弗兰克·帕金说："韦伯就像几乎和他同时代的迪尔凯姆一样，在任何一套论及重要社会学家的丛书中，都应占有一席之地。不论在哪里讲授社会学，他的名字总是跟迪尔凯姆和马克思结合在一起，被奉为社会学的三位现世神明。"

英国学者麦克雷认为："从某个观点来说，韦伯是个历史主义者，韦伯开始的着眼点是把社会学视为史学，对他而言，所有人类的实相都可以在时间的向度里及史家的方法论中被理解。"

英国学者戴维·比瑟姆则突出韦伯的民族主义和爱国主义特色，他指出："韦伯在政治上的民族（国家）主义价值立场，正是以对民族文化价值的优越性的坚定信念为核心的。"

英国传记作家D·G麦克雷说："我相信，韦伯对我们来说的确就是一座迷宫。"

德国著名哲学家卡尔·雅斯贝尔斯认为，马克斯·韦伯是一个集政治家、科学家、哲学家于一身的人物。"尽管由于命运和环境的作弄，他没有在政治方面享有显赫的地位，但是毫不减损他杰出政治家的本色，他的伟大就像一个没有手的拉斐尔，没有功绩但是有无限的潜力。"

当代西方最重要的思想家之一、法兰克福学派的哈贝马斯指出："在韦伯的合理化理论中，法律发展既具有突出的地位，又具有双重意义的地位。法律合理化的双重意义在于，法律合理化同时表现为目的合理的经济行动和行政管理行动的机制化，以及目的合理行动的下属体系可以——或者似乎可以摆脱它们道德实践的基础。"

统治形式的类型

传统、法理、感召，这就是统治的最
深基础吗？

——题记

政治义务的基础是什么？我们对国家的服从不是
出于强制，其基础又何在呢？这就涉及政治社会学的
核心问题——合法统治问题。统治是一种特定的权力
施用关系，即具有特殊内容的命令（或全部命令）得
到特定人群服从的可能性。所谓合法性，乃是促使一
些人服从某种命令的动机，而不论这些命令是由统治
者个人发出的，还是通过契约、协议产生的抽象法律
条文、规章或命令形式出现的。简言之，合法性就是
人们对享有权威的人的地位的承认和对其命令的服从。

权力的这种合法性是由什么构成的？一个人应当
向什么样的世俗权威低头服从呢？韦伯认为，被那些
服从者看作合法的那种权力不再是赤裸裸的强权或强
制，这种权力已通过三条途径转化成三种类型的权威，
即通过传统的途径转化成传统型权威，通过理法的途

1900年，韦伯离开大学去休假，这对于韦伯无疑是个解脱，他在英国、比利时、意大利等国旅行了3年。图为伦敦塔桥。

径转化成法理型权威，通过人格感召力的途径转化成感召型权威。而对应于这三种权威类型，统治形式也有三种类型，即传统型统治、法理型统治和感召型统治。

传统型的统治，依靠相信古老的传统的神圣性以及拥有权威的人依传统实施统治的合法性。在传统型统治形式中，统治者应据有传统上所认可的权威，而享有他人服从的权利。但在这里服从的义务不是基于非人格的秩序，而是表现为在习惯所规定的义务范围内对个人的效忠。

法理型的统治，依据对经由立法产生的法令规章以及拥有权位的人依法律规则有发布命令的权利的相信。人们服从法理型权威，是因为建立成功的是非人格的秩序。该权威仅仅根据正式的法律，并且仅在确定的范围内才是合法的。

感召型的统治，依靠对个人和个人所启示或制定的规范模式与秩序的超凡神圣性、英雄气质或非凡人格的献身。在这种统治形式中，具有人格感召力的领袖因人们确信其有启示、个人魅力和非凡品质而受到信徒的服从。

韦伯多次强调这里所说的每一种统治类型都是纯粹的理想型，在现实中各种统治形式是彼此混杂、重叠的。科塞为此解释道："尽管希特勒的统治在很大程度上是建立在个人超凡的才能上的，但法理型统治的因素仍存在于德国法律的结构中，而德国民众的传统则基本上可说明国家社会主义对他们的吸

→ 韦伯像

韦伯那矛盾的心灵真正从分裂和崩溃中得到解脱，还是从1914年第一次世界大战爆发的时候才开始的。图为第一次世界大战资料图片。

引力。"

在韦伯看来，这三种统治类型未必有前后发生次序上的固定联系，但他也曾暗示，感召型统治属于历史的早期阶段，法理型统治则要到晚期的世界史中才出现。下面我们将较详细地介绍这三种统治类型。

（1）传统型统治

传统型统治建立在对于习惯和古老传统的神圣不可侵犯的要求之上，权威的权力来自传统，获取权力的方式根据相沿成习的惯例。西方历史上的长老制、东西方都存在过的家长制和世袭制都属于传统型统治形式。在韦伯看来，中国自秦始皇统一中国后所建立起来的家长官僚制，也属于传统型的统治形式。韦伯认为，传统型统治的最纯粹形式是宗法家长制，其结构类似于家庭结构，这种情况使其统治的合法性显得特别稳固。

在传统型的统治——服从结构中，最基本的特征是对统治者个人的忠诚与臣服，最基本的关系是臣民人身依附于统治者。统治合法性依据的是传统古训，任何事实上可能有的创新，皆应在古已有之的典籍中找到根据，才有可能取得合法性，即所谓的"托古改制"。因循守旧、压制创新是传统型统治的固有倾向。

（2）法理型统治

法理型统治建立在对正式制定规则和法令的正当行为的要求之上。韦伯认为，法理型统治是现代社会

　　在1914年至1918年的第一次世界大战期间，韦伯在医疗管理局工作。在这场战争中，有三十多个国家和地区的约十五亿人卷入。战场上伤亡人数达三千多万，造成巨大的经济损失。图为1914年8月英国议会通过决议，向德国宣战。

韦伯接受了新康德主义的一些重要思想，尤其是李凯尔特和齐美尔的思想——选择历史材料，并将之组织为一个有意义的整体。

的主要统治形式。它的基本特征是：①它是对受规则支配的管理功能的持续不断地进行组织。②它有明确的职权范围，包括：a.执行劳动分工系统划分出的特定功能的义务；b.授予在职者完成这些功能所必需的权力；c.明确规定具有强制性的必要手段及使用这些手段的条件。以这种方式组织起来的行使权力的单位被称为"管理机构"。③各级职位按等级原则组成，下级服从上级的控制和监督，而下级亦有权向上级陈情与上述。④调节一个职位的行为的，可以是技术性规则，也可以是法规。实施规则若要充分、合理，就必

须经过专业训练。只有具备适当的技术训练的人，才有资格充当行政管理人员。一种理性组织的管理人员都是由典型的"官员"所组成的，不论这个组织是政治的、宗教的、经济的，还是其他性质的。⑤在这种理性组织中，行政管理人员应该完全与生产或行政管理工具的所有权相分离。官员、雇员及工人只是在履行职责时使用这些工具，而不是拥有这些工具。官员有义务汇报与说明其对财物的使用情况，进而组织的财产与官员的私产相分离，办公场所与生活场所相分离。⑥在这种理性组织中，官员的职权有明确的划分，

　　社会学的研究对象包括与历史、政治、经济、社会结构、人口变动、民族、城市、乡村、社区、婚姻、家庭与性、信仰与宗教、现代化等领域。

韦伯的外祖父沃伦斯坦于1842年去柏林为普鲁士政府效力，由于工作得并不出色，于1847年退休去了海德堡。

不能越俎代庖。为保证管理行为的完全的客观性与独立性，必须各守其位，各尽其责。⑦一切管理的行动、决议和规章均应用书面形式表述和记录，即便是在口头讨论中也应如此，这一原则至少适用于预备性的讨论与提议、最后的决议及所有类型的法令与规章。书面文件与行政功能持续不断的操作的结合构成"职位"一词的内涵，这是现代各种法人组织行动的主要特点。⑧法理统治可以有许多不同的形式，科层制是其主要的理想型。

（3）感召型统治

感召型统治建立在某个英雄人物、某位具有神授

1898年5月，韦伯患上了失眠症，他在春天的树林里带着泪痕走来走去，后来被送入医院治疗。

天赋的人物的个人魅力上。韦伯用"人格感召力"一词，旨在表征某些人的人格特征，他们被认为具有超凡的力量与品质，因而被视为"天纵英明"。感召型人物及其追随者相信他们具有得天独厚的神圣权力，能同宇宙中最主要、最强大、最权威及最神秘的力量保持联系。

韦伯认为，人们如何认定人格感召力是无关紧要的，重要的是感召型人物具有吸引一些人成为其狂热的崇拜者、追随者的能力，因此这一概念表征了一种统治——服从的类型。在这个意义上，韦伯的感召型概念是纯粹形式的和价值中立的。韦伯把宗教运动与政治运动中伟大的先知、圣徒、英雄、领袖等都纳入感召型来考虑。这样，佛陀、耶稣、穆罕默德（世界各宗教的创始人）以及梭伦、亚历山大、恺撒、拿破仑（伟大的立法者和征服者）等都被看成具有神授才能的感召型人物。在韦伯看来，中国古代的大禹、秦朝的始皇帝等人物，也可被视为感召型的领袖。

韦伯把感召型统治的出现同社会变迁的观点结合起来考虑。当社会发生危机、生活处在一种失范状态时，普通人期望某种根本的变化或新的秩序，这就为某些具有特殊才能的人大显身手创造了机会。正所谓天下大乱，群雄并起，登高一呼，万众响应。在前理

在韦伯"精神崩溃"的那些年，他依靠广博的知识和对世界的关心而发愤写作，并成为一名社会学家。

性时代的社会，对非凡个人的追随很容易变成狂热的崇拜与迷信。韦伯认为，感召型的统治与传统型的统治是正相对立的，后者因循守旧，前者则具有"伟大的革命力量"，因为它动摇了传统的价值观念和行为方式，改变了人们的信念，并使失去活力的社会结构焕发出生机。

联结感召型人物与其追随者的纽带是情感性、个人性的，是领袖对信徒的感召力与个人魅力以及信徒对领袖的崇拜与效忠。这与无个性的法理型统治关系正相对立。韦伯强调，由于感召型领袖的权力仅仅依赖他能否使其信徒确信他的超凡能力，领袖们必须创造奇迹和出现英雄之举，并且不断地在其信徒们眼中证明自己受命于天，以保持其对信徒的吸引力。然而，奇迹和英雄之举在琐碎的生活中并不是呼之即来的容易事，于是，感召型统治就通过仪式、管理和纪律而变得程式化和常规化，并可能向其他类型的统治形式转化，这在感召型领袖逝去之后最容易发生。当然，典型的感召型统治没有常规的准则，它或依启示或依个人的榜样，是一种独断的人治。

传统、法理、感召，这就是统治的最深基础吗？在弄明白了韦伯给出的统治形式的三种类型之后，我们不禁这样追问。这个问题不是一个形而上学的问题，因为它不想追溯到世界的本体或神，但这个问题达到了人所能提出的有意义的命题的极限，因为它不得不面对人生的本质或意义。

意义，这是韦伯理解的社会学的独特视角。一切社会行动都追求并体现意义，这是韦伯分析社会现实和构造理想型的预设前提。而意义在政治社会学中便表现为合法性，人类社会行动追求并体现意义的本性在政治活动中便表现为追求并体现合法性。于是，不但强制性的强权为自身寻求合法性，而且那些受这种强权强制的人也往往竭力为他们的命运、为他们的统治者寻找某种合法性。终于，大家合伙在传统中、在法理中、在感召中找到了合法性，找到了意义，众人皆大欢喜，要知道，无意义的生活比强权更令人难以忍受。

伴随着1918年德意志帝国、奥匈帝国的土崩瓦解，韦伯将他的君主主义思想彻底抛弃，这样才完全从那种精神疾病中获得解放。图为第一次世界大战资料图片。

科　层　制

对科层制的这种热情……足以
使人绝望。

——韦伯

　　科层制在韦伯的学术体系中占有重要地位。韦伯认为目的——工具合理型行为是最合乎理性的行为，而科层制中官僚们的行为恰恰属于此类；韦伯认为法理型统治是最合乎理性的统治，而科层制中官僚们的统治也恰恰属于此类。总而言之，在韦伯看来，科层制是最合乎理性的行政管理制度。当然，这并非韦伯对科层制的价值判断，"合乎理性的"在韦伯那里是价值中立的，它应被勉强翻译为"合乎成功原则的"，而不是"合乎道德原则的"。当然，韦伯对科层制的讨论之所以十分重要，还在于他对科层制的反面评价，这是后话。

　　韦伯认为，法理型统治是现代社会的主要统治形式，而科层制是最符合法理型统治的行政管理制度。科层制是由"官员"或"官僚"组成的，他们的任命及行动依据以下标准："（1）他们有个人自由，仅仅听命于非人格的公务上的职责。（2）他们按明确规定的职位等级组织起来。（3）法律上明确规定了各自的职责权限。（4）职责依自由的协议而产生，原则上是一种自由的选择。（5）职位的候选人是按其专业的熟练程度挑选的。在最合理的情况下，专业资格是通过考试来测定或由专业训练机构颁发的文凭来保证，或两者兼而有之。官员经由任命而非选举产生。（6）官员有固定的薪金报酬，绝大多数有权获得养老金。（7）把自己的公务看作唯一的或至少是主要的现职职业。

1918 年，韦伯去维也纳重执教鞭，担任那里特别设立的一个社会学教授的职位。

（8）有一个'晋升'的制度，或根据资历，或根据成就，或两者兼有。晋升取决于上级的裁断。（9）官员的工作完全与行政管理手段的所有权相分离，不能利用职位挪用公物。（10）服从严格的制度化纪律并控制自己的管理行为。"

科层制是一种以目的——工具合理性为取向，讲究效率与功利、追求成功的管理组织。在韦伯看来，科层化已成为不可抗拒的历史潮流，因为它正是世界历史理性化趋势的一种具体表现，不仅国家、法律领域如此，而且社会生活的各个领域，无一不被科层化了。随着构成现代经济支柱的高度专业化分工的发展，科学技术的飞速进步及其在经济生产领域的广泛应用，以及"世界解除魔术"的世俗化过程的彻底完成，必然导致科层化的更大发展。

尽管韦伯出于价值的考虑极力反对技术至上、效率功利至上的做法，但他不得不承认科层化是现代人不可避免的命运。在任何一个领域中，要想实施连续不断的行政管理，而不以官员办理公务的方式进行，似乎毫无可能。在行政管理领域，要么科层制，要么外行作风，除此之外别无选择。科层制组织方式在技术上优于科层制前的组织方式，它是大规模计划和资源利用不可缺少的条件。只有通过科层制，国家才能调动和集中政治权力，才能动员起经济力量，也才能促进资源使用的合理、高效，促进政治、经济、技术等各方面的发展。

遗憾的是，人类在享受科层制带来的好处的同时，也在非技术的方面付出了沉重的代价。

首先，韦伯认为，科层制带来了组织的非人化。一切行为及计划的可计算性、可预测性及其对经济活动的适应性越是得到充分的实现，科层制就越是使人

1920年6月14日，韦伯在家中与世长辞，年仅56岁。他的死是由1918年发生的那场遍及全欧洲的流行性传染病引起的。死于这场传染病的人数比第一次世界大战中伤亡的人数还要多。

韦伯已经在社会学领域取得了稳固的地位，他也许是唯一一个从未被人忽视的古典大师，对韦伯表明自己的态度已成为每一位社会学家的职业性责任。

非人化。它从公务中排除爱憎等各种纯粹个人的感情，尤其是那些非理性的难以预测的感情。人们要投入有意义的社会事业必须加入一个大规模的科层组织，在那里他们占有一个整体所要求的功能位置，他们必须牺牲个人的偏好，全身心地致力于系统的目标。科层组织成为一种个人必须无条件适应的巨大怪物，这个怪物贪婪地吞噬着人的个性。

韦伯对科层制同样抱着一种矛盾的态度。一方面，他认为科层制是最合乎理性的行政管理制度，科层化是现代社会不可避免的潮流；另一方面，他已预见到了科层制及科层化带来的非人化的后果。

韦伯对人类的未来忧心忡忡，他相信合理化会使这个世界丧失人性，科层制会泯灭人的精神。

1909年，韦伯就这样说："对科层制的这种热情……足以使人绝望。似乎在政治上羞怯的幽灵应该独自站到舵位上；似乎我们应该有意成为需要'程序'此外别无他求的人，如果有一刻这一程序发生波动，就会变得紧张、怯懦、不安，而且如果它们从其总体结合中分离开来，它们就毫无用处了。……因此，重要的问题不是我们能怎样创立或促进它，而是我们能反对这个机器的什么，以使一部分人避免这种灵魂的分割和脱离这种科层生活方式的最高控制。"

韦伯不相信人类能从自己制造的困境中解脱出来，因为无论如何科层化的形势都不能不继续有所发展，只要还存在着合理组织生产以达到用最低的成本换取最高的效益的必要性。

其次，韦伯认为，科层制是西方社会民主化的产物，但它的发展却又产生和加强了反民主的趋势。一方面，科层化的现代社会是一个利益多元的分权结构；另一方面，科层组织的扩张导致了官僚的独裁，以致科层组织的官僚手中专断了现代社会的主要权力。韦伯的这种观点与后来的专家统治论有共通之处。

以上讨论了人类在享受科层制的技术优势的同时在非技术方面付出的沉重代价，其中包括韦伯自己的

冷静思考。然而，无论如何，韦伯当时认为科层制在技术上是最先进的，科层制在更有效的意义上比科层制前的组织更加合理。不过，从当代管理的视野来看，科层制在技术上是有其严重缺陷的，这是韦伯不曾认真考虑的。

科层制有一个共同的特征：它们倾向于压制灵活性。当组织的工作是常规性的并依赖不大熟练的人员来管理时，科层制的刻板是可以原谅的，甚至是必要的。但是，现在许多组织需要比科层制所允许的更多的灵活性，它们对人们动机的激励比对行为的控制更感兴趣，未来的组织可能会发展出更灵活的特征。美国学者托夫勒在其名著《第三次浪潮》中把这种新型的组织称为矩阵式组织，以区别于科层制的那种金字塔式组织。

不过，科层制是不可能被完全替代的。大量管理将继续依赖专业人员，且被要求提供职业保障。授权是必要的，这样才会形成责任范围。某种类型的规则、条例仍十分必要。

如果可能出现一个后科层制社会，那么它将不是一个无科层制的社会。更可能的情况是，在此种社会中，科层制将会受到限制，并且由非科层制的方式平衡，其中包括新的组织方式，如自组织方式。一种相对非科层化的方式可能会发展为更多地注意人们的动机、兴趣和士气的新方式。

然而，韦伯的忧心忡忡会最终被证明是杞人忧天吗？后科层制社会有可能出现吗？如果韦伯能看到或想到后科层制社会，他的评价又会是什么？是沦入更为精致的机器的"成功"，还是"反对这个机器的什么"的成功？那些对后科层制社会过分热情的人显然是欠冷静的，不过我们现在的确得做些什么了。

韦伯认为，社会现实不能凭借让事实"本身来发言"而被理解，社会事实并非像海滩上的卵石那样等待着人们随手拣拾。

新教伦理与资本主义精神

> 专家没有灵魂，纵欲者没有心肝，这个废
> 物幻想着它自己已达到了前所未有的文明程度。
>
> ——韦伯

韦伯宗教社会学的工作是从1904年至1905年撰写《新教伦理与资本主义精神》一书开始的，这本书问世后曾引起了长达几十年的学术争议，并成为广为人知的学术著作。如果一个人不满足于仅仅通过介绍性的第二手材料来泛泛地了解韦伯，而又没有精力去啃韦伯那些大部头的著作，通过阅读《新教伦理与资本主义精神》一书来加深对韦伯的理解，可能是最好的方式。在这本书中，不但可以领略韦伯对新教伦理与资本主义精神这一主题的精彩论述，而且可以顺便采撷到韦伯方法论的精华、认识论的要旨，并且体会出韦伯人格深处的冲突、思想内部的佯谬。

韦伯对新教伦理与资本主义精神的论述实际上是为了解决这样一个问题——新教的禁欲主义伦理对于现代资本主义的建立及在更广阔的世界历史合理化过

程中起了何种作用？韦伯力图想证明的是——新教教义的某种解释曾经造成某些有利于资本主义制度形成的动机。

韦伯的问题涉及宗教伦理原则与经济活动形式之间的关系。他从一切社会行动都追求并体现意义这一根本前提出发，认为经济活动同样追求并体现意义，而这种意义是与一定的价值、伦理原则联系在一起的。在西方文化中，人们的价值、伦理原则多是在宗教这种更根本的终极关怀中形成的。宗教，就其实质而言，是一种终极的阐释体系和价值根源。它包含了仪轨、团体、信仰、教义、禁忌等要素，所有这些都与某种救赎有关，而救赎的根本旨趣是达到一种有意义的生活。

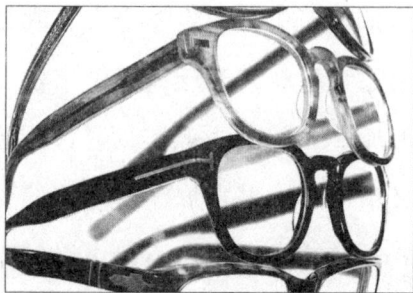

韦伯认为，原始宗教与巫术诉诸不可控制、预测及计算的神秘力量引导和支配人，因而不是一种理性宗教。所谓理性宗教，是指诸如基督教、印

韦伯认为，要正确地理解社会现实或社会行动，就必须在理论上抽象出它们的"纯粹"形态，以此与它们的现实过程进行比较。这种"纯粹"的形态便是"理想型"，"理想型"就是人们审视社会的"精神眼镜"。

度教、佛教、儒教、伊斯兰教、犹太教这一类的世界性宗教。在理性宗教中，起主要作用的不再是神秘的巫术和巫师，而是先知及其预言。宗教先知们以理智的方式解释人与人、人与自然及人与超自然之间的关系，并构成一个系统的阐释体系，指出一种实现神圣价值的生活方式。当人们接受这种阐释体系时，就意味着接受了一种生活方式。在这种生活方式中，他会觉得自己会得到救赎，从而导致在内心确信自己在尘世的每个行为都有意义，并达到对个人行为的合理控制。韦伯认为，正是这种对个人行为的合理控制的价值伦理结构构成了资本主义精神。

韦伯的一个基本立论点是，不能把资本主义等同于对营利、金钱的追求。"获利的欲望，对营利、金钱（并且是最大可能数额的金钱）的追求，这本身与资本主义并不相干。这样的欲望存在于并且一直存在于所有的人身上……对财富的贪欲，根本就不等同于资本主义，更不是资本主义精神。倒不如说，资本主义更多的是对这种非理性欲望的一种抑制或至少是一种理性的缓解。"

但这并不等于说资本主义不以追求利润为目的。韦伯指出，在一个完全资本主义式的社会秩序中，任何一个个别的企业若不利用各种机会去获取利润，那就注定要完蛋。把一般的营利欲望与资本主义的特有方式区别开来的是和平获利与合理的劳动组织。韦伯认为，形式上的自由劳动之理性的资本主义组织方式是西方所特有的。但韦伯要研究的是这种西方特有的以其自由劳动的理性组织方式为特征的且有节制的资本主义的起源问题。

一方面，韦伯承认西方资本主义一直依赖技术因素，这在根本上意味着依赖现代科学；另一方面，科学的和以这些科学为基础的技术的发展，又在其实际经济应用中从资本主义利益那里获得重要的刺激。韦伯认为西方科学的起源不能归结于这些利益。印度人发明了十进位制计算，并一直在使用着，但只有西方资本主义在其发展中利用了它，而在印度却没有出现现代算术。对科学知识的技术应用，在西方确实受到经济考虑的鼓励，这些考虑当然对科学的技术应用十分有利。但韦伯断言这种鼓励是从西方的社会结构的特性中衍生出来

← 韦伯像

韦伯在研究宗教社会学的问题时，首先从分析中古以来西欧历史的演变入手。

的，因此要问的是，这一鼓励来自哪些方面？

　　韦伯也同意近代理性的资本主义还有赖于一种理性的法律。这样的理性法律只在西方才处于一种相对来说合法的和形式上完善的状态，从而一直有利于经济活动。但现在要问的是，这种法律从何而来？韦伯不否认资本主义利益曾反过来有助于为一个在理性的法律方面受过专门训练的司法阶级在法律和行政机关中取得统治地位铺平道路，但韦伯指出，资本主义利益绝非独自地促成了这一点，甚至在其中也未起主要作用，因为这些利益本身并不能创造出那种法律。"为什么资本主义利益没有在印度、在中国也做出同样的事情呢？"

　　韦伯承认经济方面的因素具有根本的重要性，但强调必须考虑精神因素的关联作用。"因为虽然经济理性主义的发展部分地依赖理性的技术和理性的法律，但与此同时，采取某些类型的实际的理性行为却要取决于人的能力和气质。如果这些理性行为的类型受到精神障碍的妨碍，那么，理性的经济行为的发展势必会遭到严重的、内在的阻滞。各种神秘的和宗教的力量，以及以它们为基础的关于责任的伦理观念，在以往一直都对行为发生着至关重要的和决定性的影响。"

　　韦伯认为，某种社会精神气质对于资本主义精神

　　韦伯的理想型不是指社会理想或道德理想，它并不意味着含有"善的""高尚的"等价值判断。

韦伯指出，有两种不同的理想型，一种是历史学的理想型，另一种是社会学的理想型。

的发展，尤其是对于它的起源是至关重要的。韦伯的观点是，新教教义的精神与资本主义精神之间具有一致性。也就是说，主观上按新教伦理所采取的价值观在客观上符合资本主义职业观的要求。一种价值合理的信念却有助于一种目的——工具合理的行动，这是如何成为可能的？

韦伯认为，关键之点在于在宗教原则与适合于资本主义要求的现世活动之间建立一种新关系。基督教改革者马丁·路德最早强调，个人道德活动所能采取的最高形式，应是对其履行世俗事务的义务进行评价，这一点必然使日常的世俗活动具有了宗教意义，路德在此基础上首先提出了职业思想。由职业思想引出了所有新教教派的核心教理：上帝允许的唯一生存方式，不是要人们以苦修的禁欲主义超越世俗道德，而是要人们完成个人在现实里所处地位赋予他的责任和义务，这是他的天职。

但韦伯认为路德的职业观依旧是传统主义的，路德所谓的职业是指人不得不接受的、必须使自己适从的、神所注定的事，把世俗活动限制在生活中既定的职业范围内，并带有越发强烈的信奉神意的色彩，把绝对地顺从上帝的意志与绝对地安于现状等同起来。"从这种思想基础出发，路德不可能在世俗活动和宗教原则之间建立起一种新的、在任何意义上是根本的联系。"

在韦伯看来，在所有新教教派中，只有加尔文教派成功地把适合资本主义精神的价值观同职业观结合在一起。加尔文教的上帝不再是天主教中那个富有人情味和同情心的圣父，而是一个超验的存在，是人类理解力所无法企及的存在。上帝以他那不可思议的圣谕规定了每个人的命运，并且永恒地规定了宇宙

韦伯作品集
新教伦理与资本主义精神

韦伯指出，在西方社会中，人们的行动日益受到目的——工具合理性的支配，而在以前，人们的行动主要受传统、情感或价值合理性的支配。

间最琐碎的细节。既然圣谕不可改变，那么得到上帝恩宠的人就永远不会失去这一恩宠，而上帝拒绝赐予恩宠的人也就永远不可能获得这一恩宠。这种绝对的预定论，使得通过教会、圣事而获得拯救的任何可能性都被完全排除。

在一个人们把来世生活看得不仅比现世生活更重要，而且更确定的历史时期，这种预定论使每个人感到空前的内心孤独，面对那个永恒的早已为他决定了的命运，他只有一人独自走下去，谁也无法帮助他。

于是，一个无法回避的问题迟早会出现在每一个信徒面前——我是不是上帝的选民？我如何确知自己处于恩宠状态？

信徒现在要做的是，通过坚定的自信心与自我成就的证明来找出上帝恩宠的征兆。首先要坚定信心，把自己看作选民，把所有的疑虑统统视为魔鬼的诱惑，并与之进行斗争，因为缺乏自信是信仰不坚定的结果，所以也就是不完整的恩宠的结果。其次，为了获得这种自信，勤奋工作被当作合适的手段。只有世俗活动的成就才能驱散宗教里的疑虑，给人带来恩宠的确定性。信仰应以客观效果加以证实，以便为信念的确实性提供一个坚实的基础。

信徒的生活完全是为了一个超验的目标，即获得拯救。但上帝的绝对超验与绝对预定论的铁律打破了宗教禁欲主义脱离日常世俗生活的旧制，加尔文教因此将出世禁欲主义变成了入世禁欲主义。于是，修行生活从出世、苦行中解放出来，而发展为一套合乎理性的入世行为规范，使人克服堕落的"自然状态"，摆脱非理性的冲动的影响，不要太看重尘世的财富，并节制自己的消费。另外，尘世的成就既然被视为上帝恩宠的信号，那么勤奋地工作，获取财富而又不贪图享乐，就不仅在道德上是正当的，而且是应该的。

"这种世俗的新教禁欲主义与自发的财产消费强烈地对抗着；它束缚着消费，尤其是奢侈品的消费。而另一方面它又有着把获取财产从传统伦理的禁锢中解脱出来的心理效果。它不仅使获利冲动合法化，而且（在我们所讨论的意义上）把它看作上帝的直接意

愿。"

"当消费的限制与这种获利活动的自由结合在一起的时候，这样一种不可避免的实际效果也就显而易见了：禁欲主义的节俭必然导致资本的积累。强加在财富消费上的种种限制使资本用于生产性投资成为可能，从而也就自然而然地增加了财富。"

最后，韦伯指出，新教伦理只是资本主义形成过程中的一个必要精神因素，而一旦资本主义确立并运转起来，个人要适应资本主义的法则已经不需要什么形而上学的或伦理上的动机了。"大获全胜的资本主义，依赖机器的基础，已不再需要这种精神的支持了。""当天职观念已转化为经济冲动，从而也就不再感受到了的时候，一般地讲，个人也就根本不会再试图找什么理由为之辩护了。在其获得最高发展的地方——美国，财富的追求已被剥除了其原有的宗教和伦理含义，而趋于和纯粹世俗的情欲相关联，事实上这正是使其常常具有体育竞争之特征的原因所在。""宗教的根慢慢枯死，让位于世俗的功利主义。"

韦伯把"大获全胜的资本主义"比做"铁的牢笼"，它"正以不可抗拒的力量决定着降生于这一机制之中的每一个人的生活，……也许这种决定性作用会一直持续到人类烧光最后一吨煤的时刻"。

　　韦伯不无感伤地留下了下面这一大段话："没人知道将来会是谁在这铁笼里生活；没人知道在这惊人的大发展的终点会不会又有全新的先知出现；没人知道会不会有一个老观念和旧理想的伟大再生。如果不会，那么会不会在某种骤发的妄自尊大情绪的掩饰下产生一种机械的麻木僵化呢，也没人知道。"因为完全可以，而且是不无道理地这样来评说这个文化的发展的最后阶段："专家没有灵魂，纵欲者没有心肝，这个废物幻想着它自己已达到了前所未有的文明程度。"

　　韦伯按合理性强弱的顺序划分社会行动的类型，不仅具有方法论和类型学的意义，而且包含了他对西方社会及他生活的时代的诠释。

相关链接
XIANG GUAN LIAN JIE

德国社会学的形成与发展

德国社会学形成于19世纪下半叶，经过20世纪前30年的兴盛时期、纳粹时代的低落时期和战后的重建时期，20世纪60年代以后进入一个新的发展时期。

一、形成期

德国是一个崇尚理论思辨和具有唯心主义哲学传统的国家，博大精深的德国哲学一直制约着德国社会学的发展方向，并在每一个发展阶段上打上深刻的印痕。社会学在19世纪上半叶的出现，触动了德国的社会思想体系。1842年，留学法国的德国学者施泰因的《现代法国的社会主义与共产主义》一书，对德国古典哲学社会观发起了冲击。他明确地把社会和国家区别开来，在国家和社会是构成人类共同生活的两大要素的观点基础上，提出了建立新政治学和社会学的设想。施泰因的观点，有别于从18世纪的康德到19世纪的黑格尔的国家高于社会、统辖社会的传统观点。施泰因完善了国家和社会的辩证理论，被公认为德国社会学的创始人。

马克思发展了黑格尔的市民社会思想。他在《黑格尔法哲学批判》（1842）一书中，批判了黑格尔在国家以及国家对家庭和市民社会的关系上的观点。他在《〈政治经济学批判〉序言》以及与恩格斯合著的《德意志意识形态》等著作中，系统地阐述了历史唯物主义基本原理。马克思和恩格斯的唯物史观，成为马克思主义社会学的理论基础。

与马克思、施泰因同时代的里尔，提出了独特的市民社会观。他在《资产阶级社会》（1851）一书中，严格区分了社会和国家，对资产阶级社会进行了分层分析。在《家庭》（1861）一书中提出了家庭是社会的细胞的观点。

利林费尔德和舍夫勒追随孔德、斯宾塞的社会有机体论，提出了他们的社会有机体理论，成为德国社会学形成的标志。利林费尔德是德裔俄国人，1897年—1898年曾任国际社

会学学会会长。他在5卷本《对未来社会科学的思考》（1873—1881）一书中，详细阐述了社会有机体论，并提出了社会病理学概念。舍夫勒的社会有机体说主要表现在《社会本体的构造和生活》（1875—1878）和《社会学概要》（1906）两书中。

二、兴盛期

20世纪前30年是德国社会学的黄金时期，达伦多夫称之为英雄辈出的时代，出现了一批重要的社会学家，其中影响较大的有滕尼斯、齐美尔、韦伯、曼海姆等，其他较活跃的还有桑巴特、维泽、菲尔坎特、奥本海默、舍勒、布林克曼、克拉考尔、利特、盖格尔、弗赖尔、邓克曼、阿德勒等。

滕尼斯是德国社会学走向系统化的代表，他把社会学分为普通社会学和专门社会学；他在《社区和社会》一书中有关社区和社会的区分，在以后的社会学研究中一直被广泛沿用。在滕尼斯之后，德国社会学有两个主要研究方向，即以齐美尔为代表的形式社会学和以韦伯为代表的历史文化研究。他们都遵循德国社会学的社会唯名论的传统。

形式社会学的代表人物齐美尔主张，社会学的研究对象是各种永恒不变的"社会交往形式"，是通过社会行为互相联系起来的个体以及由此产生的全部关系的过程。他的主要继承者维泽和菲尔坎特则对他进行了批判。菲尔坎特的观点表现出现象学的倾向。

历史文化研究的代表人物有韦伯、奥本海默、舍勒和曼海姆等。他们继承了文德尔班和李凯尔特等人的新康德主义传统，坚持精神科学的特殊性，认为社会学属于文化科学的范畴。社会学只能理解，而不能像自然科学那样去解释其对象。比起形式社会学，他们在社会唯名论上走得更远，认为社会现象不仅是独一无二、不可重复的，而且是变动不居的。

韦伯是上述两个方向的超越者。他对社会行动的概念分析，接近于形式社会学；而对经济同伦理关系的分析，又接近历史文化研究甚至马克思主义。他称自己的社会学为理解的社会学，理解的对象是社会

行动、行动的过程和效应。在方法论上，韦伯强调价值无涉分析，视客观性为学者的人格；他提出"理想型"，即社会学意义的概念的建构。他毕生致力于近代资本主义起源的大规模文化比较研究。他的巨著《经济与社会》（1921—1922）被视为德国社会学的最高成就。

1904年，《社会科学与社会政策文献》创刊，韦伯和桑巴特担任主编。1909年，韦伯等人创立了德国社会学会，同成立于1872年的社会政策学会相对峙，滕尼斯任第一任会长。1919年，科隆大学正式开设社会学讲座，舍勒和维泽负责讲授。1921年，《科隆社会科学季报》创刊，第二次世界大战后易名为《科隆社会学与社会心理学杂志》，现为德国最重要的社会科学期刊之一。

三、低落期

1933年—1945年的纳粹统治时期，德国社会学处于萧条状态。刊物停办，学会被查禁，学术著作被焚烧，人员被放逐。但流亡国外的德国社会学家在异国继续从事学术活动。

曼海姆在英国促进了知识社会学研究的发展；法兰克福学派先后在欧洲和美国揭露纳粹的反动本质，传播批判的社会理论；本迪克斯在美国为传播韦伯学说做出了贡献；加入美国籍的拉扎斯菲尔德在社会学方法论和应用社会学方面享有盛名。

四、重建期

第二次世界大战以后，德国社会学分为民主德国和联邦德国两支。民主德国社会学属于苏联东欧社会学体系，在理论上主要发展马克思主义社会学，其主要观点反映在施托贝尔格等编著的《马克思列宁主义社会学原理》（1977）一书中。

在联邦德国，维泽对重建学会和学科起了重要作用，他领导了《科隆社会学与社会心理学杂志》的创刊工作。柯尼希是维泽的杂志接班人。适应战后的社会建设现实，经验社会学以科隆为中心迅速发展起来，这种趋势一直持续到20世纪50年代中期。

社会学家舍尔斯基领导了明斯特大学社会学研究所，长期在多特蒙德从事工业社会学研

究，创建了北勒费尔德大学社会学系。以舍尔斯基为中心，形成了达伦多夫所谓的"第三种社会学派"。

战后的德国社会学还有一个重要学派就是法兰克福学派。它最初形成于1923年成立的法兰克福社会研究所，20世纪30年代因受纳粹迫害，其成员大部分流亡国外。该所从1934年开始附属于美国哥伦比亚大学，1949年迁回法兰克福。阿多诺是这一时期法兰克福学派的主要领导者，培养了哈贝马斯等新的一代社会学家。

与哈贝马斯同时代，在战后影响较大的社会学家有达伦多夫、卢曼、莱普西马斯、鲍尔特、马特斯、施卢赫特等人。达伦多夫以其对马克思主义社会学的借鉴和对冲突理论的重构而闻名；卢曼提出了现代意义的社会系统论；莱普西马斯是《韦伯全集》出版委员会的负责人，曾领导以韦伯研究为中心工作的海德堡大学社会学研究所；鲍尔特是研究社会分层的专家；马特斯长期考察亚洲社会，从事东西方文化比较研究；施卢赫特是研究韦伯学说的专家。

20世纪60年代末，联邦德国社会学界开启韦伯复兴运动；20世纪70年代，《韦伯全集》出版委员会成立，组织出版33卷历史考据本《韦伯全集》。

从整个德语地区看，1972年，发行于德语地区的《社会学杂志》创刊。1988年10月4日至7日，在苏黎世召开了一次规模较大的德语地区社会学家大会暨第24届德国社会学家大会、第11届奥地利社会学家大会、第11届瑞士社会学家大会，德意志民主共和国的一个社会学家代表团出席了大会。会议参加者达1 600人，分别举行了100场讨论会，作了近500个报告。大会的中心议题是"文化与社会"，齐美尔和韦伯的思想再次引起广泛关注。各个分会分别讨论了马克思主义社会学、妇女社会学、宗教社会学、纳粹时期的社会以及日益扩大的社会学的学科界限等方面的问题。

韦伯还活着

与埃米尔·迪尔凯姆或维尔弗雷多·帕累
托相比，马克斯·韦伯更是我们的同时代人。
——阿隆

有的人活着，他已经死了；有的人死了，他还活着。这又是一句被人说滥了而流于人云亦云的话，大体了解其深意的人不多，兼有此种切肤之感的人更少。布丁之证明在于吃，也许只有在人生旅途中经历了"死而复生"的"受洗"者，才对此话感慨万千。

看到那些曾经表情做作、动作机械、言语矫饰、心性执迷的"活着"者如今已表情自然、动作优雅、言语美诚、心性高远，不禁让人默默祝福与赞叹："他们真的在活着！""活着"本不很容易，但比起"真的在活着"，就显得过于容易而卑微了。

可见，"活着"的真假在于是否活出了一种精神，一种人之为人的境界。

韦伯还活着，因为他虽死犹生——其精神之风采历久弥新，其思想之机锋历久弥锐。这不禁使我想起一句话："思想家的真正生命在其身后。"一个只能博得时众喝彩的学者与其说是思想家，不如说是时兴货郎。韦伯在世的时候，虽也算功成名就，但绝非众口皆碑。如今，韦伯的名字、思想与业绩在学术界已无人不对之穆然，更不必说近年来在世界范围内兴起的韦伯热——这股热潮在中国也滚滚而动，足以证明了韦伯精神与思想的生命力。

　　韦伯在今天的影响是多方面的，或者形象地说，他今天依然活跃于那么多令学人瞩目的重要领域。韦伯的哲学思想在今天看来颇具影响力——他的意义理论、他的理解理论、他的文化理论……无一不与当代哲学的主流问题紧密相连；当代政治学的核心并没有离开合法性问题，而合法性问题在韦伯的思想体系中却有着精辟而系统的阐述，没有人敢说这些阐述是过时的，因为谈论韦伯仍是他们不可中

现代社会学三大奠基人之一——卡尔·马克思（其他二者为马克斯·韦伯和埃米尔·迪尔凯姆）

韦伯指出，传统型的统治，依靠相信古老的传统的神圣性以及拥有权威的人依传统实施统治的合法性。

断的话语，即便他们是在批评什么；当代管理学虽然推出了所谓的"Y理论""Z理论"，但没人怀疑科层制仍是当代实际管理体系的基础和主力，韦伯关于科层制的大量命题依然有效。

尽管有人轻率地把日本、新加坡和中国香港在经济上的那种高速发展也归因于韦伯反复推敲过的"新教伦理"——这种不太高明的做法多少有拾人牙慧之嫌，但韦伯强调的那种价值伦理方面的东西在经济生活中的影响，已是经济学家虽然头疼但不得不考虑的因素。

　　上面说的还都是韦伯专业之外的领域，就社会学领域而言，韦伯在当代的影响更是非同小可。现代社会学唯一可以与韦伯、迪尔凯姆、帕累托、滕尼斯等大师比肩而立的人物帕森斯，在相当意义上是韦伯的门徒，这一点连帕森斯本也不能不承认。帕森斯又是当代社会学众多流派的起点——这些流派或是对帕森斯体系的批判，或是对这一体系的改良。从韦伯经帕森斯到当代社会学，这也许是深刻理解社会学思想演进的最佳途径。应该看到，在帕森斯以后，社会学理论呈现百家争鸣的局面，再没有一个流派可以配得上真正的主流，更没有一个流派宣称奉某某大师为圭臬，但是都一致地公认韦伯为社会学的宗师，并往往把自己的问题追溯到韦伯那里，这种本能地认可比有意地吹捧更能证明韦伯的当代生命。

现代社会学三大奠基人之一——埃米尔·迪尔凯姆（其他二者为卡尔·马克思和马克斯·韦伯）

　　提起当代社会学，就不能不说到如今声望日隆的德国学者于尔根·哈贝

马斯。尽管在哈贝马斯的学术思想中融入了相当多的英美因素，但从根本意义上看，他仍是根植于德国传统的学者，这首先使他无法割断与德国社会学人文主义传统的联系，而韦伯正是这一传统的集大成者。

哈贝马斯以《交往行动理论》作为其名著的标题，显然坦白了其理论的出发点是一种社会行动——交往行动，这种以社会行动为研究对象的行动理论无疑是属于韦伯开创的"理解的社会学"传统的。

作为一个综合性的理论家，哈贝马斯强调他的研究同时融合了理解的向度、实证的向度和批判的向度，但无论如何，理解的向度是三个向度中必不可少的一个，而且这一向度与其说是来自当代解释学，不如说是来自植入了当代解释学的传统的理解社会学。

哈贝马斯在其名著《交往行动理论》中用了整整一章篇幅评述了韦伯的合理化理论，其中不乏批评之词，但同时充分暴露了自己理论的根源和意图——继承并发展韦伯开创的合理化理论，用交往合理性去补充目的——工具合理性，从而重建一种全面的合理化模式。哈贝马斯的工作也许真正抓住了韦伯学术的精华，或者说，韦伯的当代生命力也许正宗地传给了哈贝马斯这个德国人，而不是其他什么人。

从世界现实状况看，说韦伯还活着，另有一种重要的意味，那就是他对我们时代的诊断还没有过时。韦伯所说的那种世界因目的——工具合理性的泛滥而沦为铁牢笼的状态在当代有近乎神谕的应验，对当代这种世界状态的批判在法兰克福学派那里屡见不鲜。

"专家没有灵魂，纵欲者没有心肝，这个废物幻想着它自己已达到了前所未有的文明程度。"韦伯的批判虽与法兰克福学派异曲同工，但独具先见之明。

更为可贵的是，韦伯教会了我们不要轻许诺言——他习惯不无感伤地说"没人知道"，而不是自命不凡地说"我敢保证"。"没人知道"，这绝不是一种出于懒惰的推诿，而是出于对人类生存本相的认识。

"没人知道……但我们必须去做点什么。"

如果韦伯真的还活着，他也许会这样说。

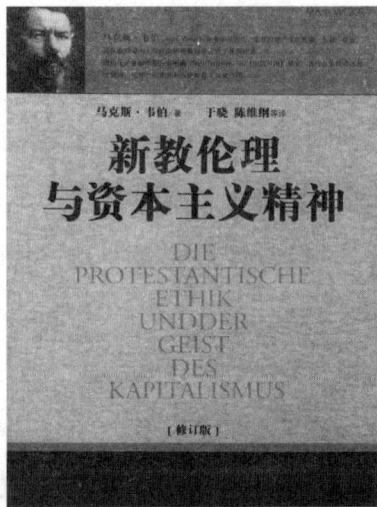

马克斯·韦伯 著　于晓 陈维纲 等译

新教伦理与资本主义精神

DIE PROTESTANTISCHE ETHIK UNDDER GEIST DES KAPITALISMUS

【修订版】

韦伯从事宗教社会学的工作是从 1904 年至 1905 年撰写《新教伦理与资本主义精神》一书开始的，这本书问世后曾引起长达几十年的学术争议，并成为广为人知的学术著作。

相关链接
XIANG GUAN LIAN JIE

韦伯人生主要经历

1864年

生于德国图林根的埃尔富特市。他的父亲是出身于威斯特伐利亚纺织业的实业家兼批发商家庭的一位法学家。1869年他携眷迁居柏林，后来成为柏林市议会议员。他的母亲是位很有文化修养、热衷于宗教和社会问题的妇女，于1919年去世。她对儿子影响很深，使他对宗教具有炽热的感情。青年时代的韦伯在家里的客厅中结识了当时知识界和政界的许多杰出人士，如狄尔泰、莫姆森、聚贝尔、特赖奇克和卡普等人。

1882年

18岁的韦伯考入海德堡大学，在法学院注册，开始接受高等教育。同时攻读历史、经济、哲学和神学，并参加学生会组织的各种活动和辩论会。

1883年

在海德堡大学学习了三个学期之后，韦伯在斯特拉斯堡服了一年兵役，先是普通士兵，后来晋升为军官。他为曾经担任过帝国军队的军官一直引以为荣。

1884年

进入柏林大学和哥廷根大学继续深造。

1886年

通过高等学校法学考试。

1887年至1888年

多次参加在阿尔萨斯和东普鲁士举行的军事演习，成为由关心社会问题、具有种种不同倾向的大学生组织的"社会政治联盟"之成员。该组织是施穆勒于1872年创建的，受"社会主义者讲坛"领导。1889年在柏林获法学博士学位。论文题目是《中世纪商业企业史》。同年，开始学意大利语和西班牙语。登记为开业律师。

1889年

通过博士论文《中世纪贸易公司的历史》。

1890年

再次参加法学考试。应"社会政治联盟"的要求开始调查东普鲁士农民的境况。

1891年

《罗马农业史及其对公法和私法的意义》发

表。这篇论文以及他和莫姆森教授进行的答辩使他获得了教授资格，在柏林大学谋得了一个教席。从此，韦伯开始他的大学教授生涯，开始在柏林大学教授罗马法、日耳曼法及商法。

1892年

韦伯的学术重心从法学转向经济学，受"社会政策研究会"委托，分析德国东部农业社会结构变迁及其对德国资本主义发展的影响，以此为基础发表多篇文章，开始其对德国政治经济转型的具体分析。

1893年

与玛丽安娜·施尼特格尔结婚。

1894年

担任弗里堡大学政治经济学教授。发表论文《东德意志农业劳动者境况演变的趋势》。

1895年

去苏格兰和爱尔兰旅行。开始在弗里堡大学授课。第一次讲授的内容是：《民族国家和经济政策》。

1896年

应聘去海德堡大学任教，接替克尼斯教授退

休后留下的教席。发表论文《古代文明衰退的社会原因》。

1897年

33岁的韦伯由于患严重的神经官能症，不得不完全停止工作，达4年之久。在此期间，他去意大利、科西嘉和瑞士等地旅行，以减轻自己的焦虑不安。

1899年

自愿退出"泛日耳曼联盟"。

1902年

再次去海堡大学任教，但已不能像过去那样积极参与大学的各种活动。

1903年

与维尔纳·桑巴特共同创建"社会学和学会政策档案"。

1904年

去美国参加在圣路易斯举行的社会科学大会。新大陆给他的印象极为深刻。他在大会上作关于资本主义和德国农村社会的报告。

《耶稣教伦理和资本主义精神》一书的第一部分及《社会科学和政治中认识的客观性》发表。

1905 年

俄国的革命使韦伯对沙俄帝国面临的问题发生趣。为了阅读俄文原著，他开始学习俄语。《耶稣教伦理和资本主义精神》一书的第二部分出版。

1906 年

发表论著《俄国资产阶级民主的形势》《俄国向装门面的立宪法主义演变》《耶稣教各教派与资本主义精神》。

1907 年

获得一笔可观的遗产，这使他有可能退出教育界，潜心从事科学研究。

1908 年

对工业社会心理学发生兴趣，出版两本这方面的著作。

在海德堡寓所的客厅里，他接待过当时德国的大部分著名学者，如文德尔班、耶利内克、特勒克斯、诺曼、桑巴特、齐美尔、米歇尔斯、特尼埃斯等。

他指导的年轻大学教师有格奥尔格·卢卡斯、卡尔·勒文斯坦等人。

韦伯组织社会学协会，并出版一套社会科学

丛书。

1909年

《古代社会的农业生产关系》发表。开始编写
《经济和社会》。

1910年

在德国社会学协会举行的大会上，他采取鲜
明的立场反对种族主义思想。

1912年

由"为什么只有西方有和声音乐"为出发点，
开始考虑更一般的"为什么只有西方才具有一种
独特的理性主义"这一支配他后期学术思考的中
心问题，开始进行西方与非西方的宗教文化比较
研究。

由于在价值哲学的中立性问题上存在的分歧，
他辞去德国社会学协会执行委员的职务。

1913年

发表论文《论广义社会学的某些范畴》。

1914年

第一次世界大战爆发，韦伯参加军队服役，
负责驻在海德堡的几家医院的工作，到1915年底
为止。

1915 年

《宗教社会学》（又译为《世界诸宗教的经济伦理》）的一部分（《序》和《儒教与道德》）发表。

1916 年

开始发表战时政论文章。

2 月，发表著名公开信《两种法则》，强调大国与小国在历史面前的责任不同。

4 月，发表《宗教社会学》第二部分《印度教与佛教》。

12 月，发表《印度教与佛教（续）》。

1917 年

接受各种非正式的秘密使命，尽力劝说德国的领导人物避免扩大战争，同时他断言德国对全世界政治负有责任，并认为俄国是主要威胁。

10 月，发表《宗教社会学》第三部分《古代犹太教》。

11 月，在慕尼黑发表著名演讲《以学术为志业》和《以政治为志业》。

1918 年

4 月，去维也纳大学进行暑期讲学，内容是介绍政治和宗教社会学，题目是《对历史唯物主义的思想的实证批判》。

冬天，在慕尼黑大学作了两次报告，题目是《学者的职业和使命》《政治家的职业和使命》。

德国投降后，成为前往凡尔赛签署和约的德国代表团的一名专家。

发表论文《论社会和经济学中价值哲学的中立性的意义》。发表《论新政治秩序下德国的议会与政府》并加入新成立的德国民主党，参加该党法兰克福选区的候选人竞选。落选后回归学界，任慕尼黑大学经济学教授。

1919年

应聘去慕尼黑大学任教，接替布伦塔诺教授的工作。

在1919至1920年间讲授的是普通经济学史，后成书于1924年并出版。韦伯支持共和国，但并不热情。他参与慕尼黑的库尔特·埃斯纳的革命专政，是魏玛宪法起草委员会的成员之一。继续编写《经济和社会》一书。该书的最初几个章节于1919年秋付印，但全书未能完成。

1920年

6月14日，韦伯在慕尼黑逝世。

相关链接
XIANG GUAN LIAN JIE

韦伯身后的学术轨迹

遗孀玛丽安娜整理出版韦伯的各种文集：1921年出版《政治论文集》，1922年出版《学术理论论文集》和未完成的遗稿《经济、诸社会领域及权力》（出版时定名《经济与社会》），1924年出版《社会史与经济史论文集》《社会学和社会政策论文集》。

1927年

弗兰克·奈特将韦伯的《经济史》译为英文出版。

结构功能学派的创立人帕森斯于1927年以研究韦伯的论文获得博士学位，1930年将《新教伦理与资本主义精神》译成英文出版。在帕森斯的成名作《社会行动的结构》中，系统地论述了韦伯的理论贡献，从此韦伯开始在国际学界闻名。

1964 年

在海德堡召开的国际社会学大会上，帕森斯与其他著名社会学家阿隆、马尔库塞等人一致认为，韦伯在社会学方面与马克思、迪尔凯姆齐名，是社会学的"经典作家"。

1974 年

学术界成立《韦伯全集》出版委员会，由杜塞尔多夫大学的历史学家默姆森教授、海德堡大学的社会学家施路赫特教授和勒普修斯教授、康斯坦施大学的社会学家拜厄教授以及独立学者文克尔曼博士等人组成。出版活动受到德国研究协会（DFG）的财政支持，巴伐利亚科学院、莱默斯基金会以及出版社协助出版。《韦伯全集》分三大部分：一是著作和演讲，二是书信，三是课堂讲义。第一部分计划出版23卷，第二部分计划出版10卷，现已出版。已出版各卷印刷精美，价格昂贵，同时出版价格适中的学生版。这一浩大工程不惜代价和成本，是社会学界的一大盛事。